週末來一趟
只屬於自己的
奢侈小旅行

ことりっぷ co-Trip
小伴旅

歡迎光臨

東京

小鳥會貼心告訴你
旅行好康資訊

走♪我們出發吧

人人出版

抵達東京後…

終於到東京了。

那麼，接下來要做什麼呢？

**除了有新的商業設施開幕，
也有保留了傳統風情的地區。
一起來拜訪新舊並存的風景吧。**

集結了經常引爆話題的流行與美食的表參道。還有澀谷和代官山、六本木等，街道上聚集了喜愛時尚流行的人們，每次拜訪都會有新的邂逅。可以開心逛街的谷根千，以及保留了懷舊風情的淺草與銀座等，總讓人猶豫不知該去哪裡才好。

有讓人沉醉藝術世界裡的美術館及體驗用最新技術創作的數位藝術的設施。☞P.30

check list

- [ ] 在美術館或文學館消磨時間 ☞ P.32
- [ ] 巡訪有各種庇佑的神社 ☞ P.34
- [ ] 表參道文化散步 ☞ P.44
- [ ] 在淺草來趟優雅散步 ☞ P.66
- [ ] 到上野看貓熊 ☞ P.70
- [ ] 谷根千的好味道、好東西 ☞ P.76
- [ ]
- [ ]

作為東京地標的東京晴空塔®和東京鐵塔。把散步途中看到的模樣拍成照片。☞P.106

可以欣賞到四季分明的美麗大自然。細細品味近代高樓大廈與自然風光交織而成的風景。☞P.12

在盛行手作的下町遇見質感高雅的商品。不妨也來挑戰手作體驗。☞P.78

上野的博物館是由知名建築家所設計的，建築物本身就是一大看點。☞P.73

抵達東京後…

要吃點什麼呢？

老店的風味與來自海外的新分店等，
從和食、洋食，到甜點，
東京聚集了各式各樣的口味。

網羅日本全國及世界各地各種風味的東京。也有許多排隊人潮不散的熱門店，讓人每家都想吃。從氣氛輕鬆的店家，到需要打扮一番才能去的高級店面，請依當天的心情選擇店家吧。逛街途中，也可以順路去喜歡的咖啡廳。

說到東京的紅豆餡就是「虎屋」。眺望赤坂御所的綠意，品味高雅的餡料！➡ P.24

老闆獨創的香料用法獲得廣大粉絲的支持，可以品嘗到充滿原創性的滋味。➡ P.116

check list

- ☐ 品嘗傳統甜點 ➡ P.14
- ☐ 在和風咖啡廳度過奢華時光 ➡ P.26
- ☐ 在淺草品嘗懷舊洋食 ➡ P.68
- ☐ 優雅地享用下午茶 ➡ P.108
- ☐ 品嘗亞洲美食 ➡ P.114
- ☐ 在話題名店的餐酒館吃晚餐 ➡ P.120
- ☐

要買些什麼呢？

高級巧克力以及糕點等，
想當作伴手禮買回去的甜點，
以及東京才有的時尚雜貨也深具魅力。

在巨大的購物城東京，不論流行服飾或雜貨，為數眾多的各式各樣品牌精品齊聚。也很推薦購買歷史悠久的傳統工藝品，當作一生的收藏。還有海外的高級甜點，以及百貨地下街的甜點，也可以挑來當伴手禮或是犒賞自己。

東京集結了日本各地的「好東西」。只能在這裡買到的限定品也不可錯過。➡ P.48

在廠商的特產直銷商店裡可以找到充滿獨特設計和創意的生活雜貨。➡ P.77

check list

- ☐ 可愛的伴手禮 ➡ P.36
- ☐ 銀座的老鋪文具 ➡ P.62
- ☐ 自由之丘的雜貨與糕點 ➡ P.98
- ☐ 購買傳統工藝品 ➡ P.126
- ☐ 購買和菓子作為伴手禮 ➡ P.128
- ☐

小小的旅行
建議書 🕊

到東京玩3天2夜

在東京，有很多很多想去的地方和想做的事情。
人氣市區當然要去，可以開心散步的街道與下町等區域也不可錯過，
盡情享受購物、美食吧⋯。

也有可以寫信投
遞的專區

第1天

抵達紅磚打造的
東京車站

9:30

從東京車站搭乘JR
移動到有樂町站，目
標是銀座的主要街
道·中央通。

10:00

Drink
還有原創
飲品喔♪

位於銀座2丁目的文具專賣
店·**銀座 伊東屋 本店** 🔎
P.62陳列著許多有趣設計的文具。來找
一下自己喜歡的吧。

12:00

享受以中央通為主的銀座漫步，
前往**SHISEIDO PARLOUR銀座
本店** 🔎**P.60**享用午餐，大啖傳
統的洋食風味。

13:30

搭乘地下鐵前往日本橋。
不妨繞到承襲匠人技術的老鋪**榮太樓
總本鋪** 🔎**P.65**和**榛原** 🔎**P.65**看看
吧。

15:30

轉乘地下鐵和百合海鷗號
前往新豐洲。**在teamLab
Planets TOKYO DMM**
🔎**P.31**享受沉浸於巨大
作品世界的體感型藝術。

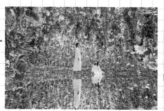

teamLab《Floating Flower Garden: 花朵與我同根同源，花園與我合為一體》©teamLab

18:00

回到東京車站，在設立
於東京中城八重洲的新
型態立食店**also** 🔎
P.114享用台灣料理。

20:00

晚上入住**東京站大飯店**
🔎**P.38**。在能眺望東京
車站圓頂的房間裡悠閒
休憩。

第2天

8:00

第2天從東京站大飯店的早餐開始。活用車站頂層空間的
貴賓休息室充滿開放感。

10:00

搭乘JR前往澀谷。在**SHIBUYA SCRAMBLE SQUARE**的**SHIBUYA SKY** ⇨P.106體驗空中散步。也可以在11樓的**中川政七商店 澀谷店** ⇨P.49購買澀谷限定的商品。

12:00

從澀谷前往表參道，散步到**Aoyama Flower Market GREEN HOUSE** ⇨P.40。在綠意環繞下的茶室悠閒享用午餐。

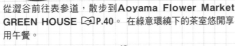

14:00

搭乘地下鐵東急東橫線前往中目黑，在目黑川沿岸散步。於陳列了各個創作者作品的**工藝器と道具 SML** ⇨P.95購物後，在**星巴克臻選®東京烘焙工坊** ⇨P.28沉浸在咖啡的世界裡。

還可以品嘗限定飲品♪

18:00

搭乘地下鐵前往淺草。在鰻魚飯老店**鰻 駒形 前川 本店** ⇨P.67眺望隅田川沿岸風光，享用烤鰻魚蓋飯。

20:00

在入夜的淺草散步走回飯店。入住於**OMO3淺草 by 星野集團** ⇨P.133，以江戶風情為設計的房間非常時髦。

第3天

6:00

參加飯店附近的活動。在早晨的淺草寺聆聽關於街道歷史和觀光名勝的解說,來趟「風雅」的散步之旅。

在淺草田原町的Pelican CAFÉ ☺ **P.23**吃早餐。品嘗以店內吐司製作的炭烤吐司。

9:00

10:00

徒步前往**淺草寺** ☺ **P.66**。最大亮點就是雷門的大燈籠。隨意逛逛**仲見世通** ☺ **P.66**的店家,前往本堂參拜吧!

12:00

搭乘地下鐵移動到清澄白河。在隅田川沿岸的餐廳 CLANN BY THE RIVER ☺ **P.81**的露台上享用午餐。

也別錯過
淺草美食

13:30

徒步前往**東京都現代美術館** ☺ **P.80**。臨接綠意盎然的公園、充滿藝術風格的建築物也是看點。

從清澄白河搭乘地下鐵前往東京車站。東京車站的剪票口內外都有許多伴手禮店。搭新幹線之前可以在這裡好好挑選伴手禮。☺**P.130**

16:30

18:30
踏上歸程

我的旅行
小法寶

擬定計畫的訣竅

景點滿載的東京地區，要在3天2夜內全部逛完很困難，因此重點就是先決定旅行的主題，縮小想去的景點範圍。東京有完備的大眾交通工具，因此一天也能逛2～3個地區。

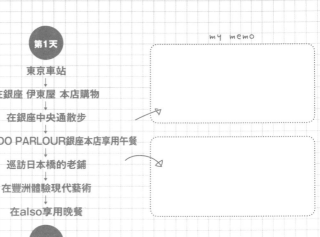
my memo

第1天

東京車站
↓
在銀座 伊東屋 本店購物
↓
在銀座中央通散步
↓
在SHISEIDO PARLOUR銀座本店享用午餐
↓
巡訪日本橋的老鋪
↓
在豐洲體驗現代藝術
↓
在also享用晚餐

第2天

在東京站大飯店享用早餐
↓
在SHIBUYA SKY來個空中散步
↓
在Aoyama Flower Market GREEN HOUSE享用午餐
↓
在中目黑購物
↓
在星巴克臻選® 東京烘焙工坊喝咖啡
↓
在鰻 駒形 前川 本店享用晚餐

第3天

參加飯店附近的活動，於淺草散步
↓
在Pelican CAFÉ享用早餐
↓
前往雷門～仲見世通～淺草寺
↓
在清澄白河CLANN BY THE RIVER 享用午餐
↓
參觀東京都現代美術館
↓
在東京車站尋找伴手禮
↓
踏上歸程

ことりっぷ co-Trip 小伴旅 東京

CONTENTS

流行與話題的發信地
表參道
おもてさんどう
P.40
充滿最新流行和人氣甜
點等等，各種最尖端的
話題。

殘留昭和時代風景
P.74
谷根千
やねせん
商店街及民房的巷弄間
保留了昭和時代的風貌，
令人懷念充滿魅力。

充滿江戶情懷的街區
P.66·70
淺草‧上野
あさくさ‧うえの
有許多歷史悠久建築物
的街區，傳統的工藝品以
及老鋪美食也引人注目。

以世界第一的高度自豪
東京晴空塔®
とうきょうスカイツリー
P.106
東京觀光的新熱門景
點，晴空塔下有範圍廣
闊的商業設施。

公園旁的街區
代代木上原
よよぎうえはら
P.90
有很多人氣麵包店和咖
啡館的美食地區。離代
代木公園也很近。

人氣時尚城區
澀谷‧代官山
しぶや‧だいかんやま
P.48·92
有許多集中高品味店面
的複合設施，以及時尚
的咖啡廳。

復古的站房也很有魅力
P.38
東京車站
とうきょうえき
車站周邊連接美麗的街
道景觀，逛商品櫥窗也
很有樂趣。

老鋪與流行融合
P.60
銀座
ぎんざ
歷史悠久的西洋風街區，
也散布著一些經過漫長歲
月仍受人們喜愛的老鋪。

水邊的藝文景點
P.58
天王洲
てんのうず
在運河沿岸的散步道上
有許多藝術品。也有時
髦的咖啡館和餐廳。

簡練俐落的成熟街區
六本木
ろっぽんぎ
P.54
散布著藝術景點，也有
許多成熟風格的高級店
面。

池袋駅
上野駅　浅草駅
新宿駅
東京駅
新橋駅
渋谷駅　浜松町駅
代官山駅
品川駅
自由が丘駅
舞浜駅
お台場
海浜公園駅
羽田機場　羽田機場第1‧第2航廈站

TOKYO

一起來觀賞四季的美麗風景吧

A

皇居西北方護城河沿岸
的步道是日本屈指可數
的賞櫻名所

B

C

D

B

C／長約1.1km的美麗
欅木林道就是表參道
的象徵
D／有146棵樹齡約
100年的銀杏樹聳立的
林蔭大道

上／池塘周圍的樹葉變紅時更添風情
下／高樓大廈與庭園的對比只有在東京看得到

A **千鳥淵綠道**
‖九段下‖ ちどりがふちりょくどう

📞03-5211-4243（千代田區役所道路公園課）
⌂千代田区三番町2先 🕐自由參觀
🍴🚇九段下站2號出口步行3分 MAP附錄2 D-2

B **濱離宮恩賜庭園**
‖汐留‖ はまりきゅうおんしていえん

📞03-3541-0200 ⌂中央区浜離宮庭園1-1 🕐9:00
～16:30 休無休 ¥300円 🍴🚇汐留站10號出口步
行5分（到中之御門口）MAP附錄2 D-2

C **表參道欅木大道**
‖原宿‖ おもてさんどうケヤキなみき

📞03-3406-4303（原宿表參道欅會）⌂渋谷区神宮
前4～5丁目 🕐自由參觀 🚇明治神宮前〈原宿〉站
5號出口即到 MAP附錄8 D-2

D **明治神宮外苑銀杏大道**
‖外苑前‖ めいじじんぐうがいえんいちょうなみき

📞03-3401-0312（明治神宮外苑）⌂港区北青山1丁
目 🕐自由參觀 🍴🚇外苑前站4a出口步行3分
MAP附錄3 C-2

現今讓人心動的東京

經常有新大樓和店鋪開幕的東京，
每次拜訪都有新發現。
除了有歷久不衰的傳統甜點，
也有能度過奢華時光的咖啡館、
可以輕鬆前往的博物館，
以及許多能帶來好運的神社。
不妨稍微離開主要街道，
探訪一下「現今讓人心動」的東京吧。

在懷舊氛圍的咖啡館裡品嘗傳統甜點

在優雅的空間中品嘗甜點，度過幸福時光。
享用老字號飯店內從以往傳承至今的
招牌甜點吧！

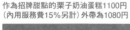
作為招牌甜點的栗子奶油蛋糕1100円
（內用服務費15%另計）外帶為1080円

享用傳統的栗子甜點

東京會館 ROSSINI TERRACE
‖ 丸之內 ‖ とうきょうかいかんロッシニテラス

位於創業100年的東京會館1F，依照
不同時段可區分為餐廳、咖啡館、酒
吧等不同用途。由初代製菓長構思、
至今仍保留傳統做法的栗子奶油蛋
糕，是擁有眾多回頭客的甜點。

1 挑高的天花板和大型窗戶，開放感十足
2 秋季限定菜色是以笠間新栗製作的蒙布朗
與秋季的水果芭菲佐法蘭西梨醬汁3740円
3 店內也有沙發座，晚上就成了能讓人放鬆
的貴賓沙龍

📞050-3134-4890（預約中心）🏠千代田
区丸の内3-2-1 1F 🕐11:30〜22:00（週
六、日、假日為11:00〜）🈺無休
‼🚃有樂町站國際論壇出口步行5分 MAP
附錄5 C-2

充滿優雅氛圍的入口

也可以外帶

不同季節都能享用的栗子奶油蛋糕

栗子奶油蛋糕在不同季節都會推出限定系列。春天有甘王草莓與和栗，夏天登場的則是紅肉哈密瓜與和栗。

使用香草豆莢做成香甜濃郁的冰淇淋，提升整體的風味。微苦焦糖醬讓滋味更顯絕妙的花式布丁拼盤2000円

在文豪間也極受歡迎的咖啡廳

Coffee Parlor HILLTOP

‖御茶之水‖コーヒーパーラー ヒルトップ

位於備受眾多政要與文豪喜愛的、歷史悠久的飯店內的咖啡廳。從原創甜點到傳統洋食，有許多人氣菜色。粉絲眾多的花式布丁拼盤，裝飾有許多冰淇淋、天鵝泡芙和當季水果等，看起來非常華麗。

☎03-3293-2834 ⏎千代田区神田駿河台1-1 山之上飯店B1F
🕐11:30～20:00（飲品～20:30）
㊡無休 🍴🚃御茶之水站御茶之水橋口步行5分
MAP 附錄2 D-2

①充滿古典氣息的店內 ②大型窗戶的採光讓店裡顯得明亮
③古典造型的吊燈

④面對坡道的門上有鹿的圖案 ⑤使用裝飾藝術風格的建築物為其象徵

Coffee Parlor HILLTOP所在的山之上飯店，附設有作家池波正太郎所喜歡的天婦羅餐廳。

在水果甜品店享用
犒賞芭菲&甜點

嚴選優質食材&當季美味
製成如寶石般繽紛耀眼的水果芭菲。
到長久以來備受喜愛的老鋪水果甜品店享受甜蜜時光。

以大量高級水果營造奢華感覺
水果芭菲　1700円

使用多達9種以
上的水果。著重
使用當季水果，
每年會變換7次
左右

這個也很推薦

花式布丁拼盤 1450円。使用微
甜的卡士達布丁

澀谷西村 Fruit Parlor 道玄坂店
‖澀谷‖しぶやにしむらフルーツパーラーどうげんざかてん

高級水果店「澀谷西村」的直營甜品店。可以在以優雅
金色點綴、充滿高級感的店內品嘗用光澤水潤的高級水
果做成的芭菲。每種芭菲的底部都藏了當季正美味的水
果，直到最後一口都能享受濃郁甘甜的滋味。

📞03-3476-2002 🏠渋谷区宇
田川町22-2 2F 🕐10:30~22:20
（週日、假日為10:00~21:50）
🈂無休 🍴🚃澀谷站八公口即
到
MAP 附錄9 C-4

自製的義式冰淇淋和淋醬也極受好評
本日水果芭菲　1000円

7種水果和醬汁
的甜蜜，跟清爽
的義式冰淇淋非
常對味

這個也很推薦

數量有限的水果三明治1200円。
圖片為半盤650円

Fruit Parlor Goto
‖淺草‖フルーツパーラーゴトー

1946（昭和21）年創業的蔬果店。從信用可靠的農家和
市場採購水果，製成芭菲和鬆餅等各種豐富的品項。手
作的水果義式冰淇淋和醬汁，酸甜平衡的絕妙滋味讓美
味倍增。

📞03-3844-6988 🏠台東区
淺草2-15-4 🕐11:00~18:30
🈂週三（有臨時公休）
🍴🚃筑波快線淺草站A出口
步行3分
MAP 附錄12 A-1

水果與法式料理的結合
千疋屋總本店2F的「DE'METER」，有提供以各式水果做成淋醬和沙拉的多種法式料理

大量使用2種葡萄
葡萄芭菲　3000円

盡情享用高級葡萄風味的期間限定芭菲

這個也很推薦

附有當季水果的水果奶油鬆餅1600円

在豪華店內品嘗美味芭菲
千疋屋特製芭菲　2970円

使用嚴選來自世界各地水果製作的人氣特製芭菲

這個也很推薦

夾了4種水果的水果三明治1870円

Hot Cake Parlor Fru-Full 赤坂店
‖赤坂‖ ホットケーキパーラーフルフルあかさかてん

老闆曾經待過知名老店「万惣Fruit Parlor」。店內有在銅板上慢火烘烤而成的外酥內軟鬆餅，以及使用當季水果的芭菲、三明治等，經常提供10種以上的甜點。

☎03-3583-2425
⌂港区赤坂2-17-52 パラッツオ赤坂103 🕐11:00～19:00
（週六・日、假日為～18:00）
休週一、二 🚉赤坂站3A出口步行5分
MAP附錄5 A-3

千疋屋總本店 Fruit Parlor
‖日本橋‖ せんびきやそうほんてんフルーツパーラー

以高級水果店聞名的千疋屋總本店，位於2樓的甜品店充滿了高級的奢華威。可以在開放式廚房看到甜點師傅調理水果的模樣。

☎03-3241-1630 ⌂中央区日本橋室町2-1-2 日本橋三井塔內 🕐11:00～21:00 休不定休 🚉直通三越前站A8出口 MAP附錄4 E-1

Fruit Parlor Goto的水果三明治，是由嚴選水果搭配人氣麵包店「Pelican」吐司的奢華組合。

復古可愛讓人著迷
在西點老鋪品嘗王道甜點

雖然懷舊，卻又讓人覺得嶄新可愛，
這就是西點老鋪糕點的魅力。
讓人猶豫該要馬上品嘗還是買回去當作伴手禮。

■店內陳列著許多以水果做成的甜點 ②讓人聯想到巴黎街道的外盒圖案 ③也有販售鹹麵包

一人獨享
大量草莓

將草莓、海綿蛋糕、鮮奶油簡單組合而成的草莓夾心蛋糕1080円，以及以酥脆和紮實口感為賣點的蘋果派540円

讓人放鬆的懷舊感充滿魅力
近江屋洋菓子店
‖淡路町‖おうみやようがしてん

1884（明治17）年創業的西點店。在充滿懷舊氣氛的店裡，陳列著店主用自行進貨的安全食材，以簡樸製法發揮其風味的樸實西點。

📞03-3251-1088
🏠千代田区神田淡路町2-4 🕐9:00〜19:00（週日、假日為10:00〜17:30）
🈺無休（麵包販售為週日、假日休）🚃淡路町站A5出口步行3分
MAP附錄2 D-2

包裝插圖是西畫家鈴木信太郎的作品

作為東京伴手禮也備受喜愛的
人氣點心
MATTERHORN‖學藝大學‖マッターホーン

以樸實美味和復古可愛的包裝吸引許多糕點迷的名店。在附設的咖啡館也可以吃到夏季限定的人氣摩卡霜淇淋800円等每季和每月更換的甜點。

📞03-3716-3311 🏠目黒区鷹番3-5-1 🕐9:00〜18:30（茶飲室為12:00〜16:30）🈺週二 🚃東急東横線學藝大學站西口即到
MAP附錄3 C-3

■也有附設咖啡館 ②打開可愛的蓋子，裡面裝滿了繽紛多樣的餅乾。罐裝餅乾1700円 ③除了照片的招牌格子蛋糕300円之外，圓形年輪蛋糕2200円也很受歡迎

時髦的千鳥格子蛋糕

期間限定的享受
MONT-BLANC夏季會推出在香草冰淇淋上擠滿栗子奶油醬的季節限定蒙布朗冰淇淋960円。可以在露天座位區享用。

看到想吃的
下手要快

現今讓人心動的東京／在西點老鋪品嘗王道甜點

1 店內也附設了內用區
2 水果軟糖各140円

展示櫃裡整齊擺放了各種精美蛋糕

日本最頂級的法式糕點

AU BON VIEUX TRMPS 尾山台店

‖尾山台‖オーボンヴュータンおやまだいてん

由法式傳統糕點的第一人河田勝彥擔任主廚的人氣店。店內提供蛋糕、冰淇淋、巧克力等時髦又華麗的各式糕點，讓人宛如身處法國。

☎03-3703-8428
🏠世田谷区等々力2-1-3
🕐10:00～17:00 ㊡週二、三
🍴🚉東急大井町線尾山台站步行7分 MAP 附錄3 B-3

2

誕生於日本的
蒙布朗發源店

MONT-BLANC

‖自由之丘‖モンブラン

店內可以品嘗到遵從初代社長獨創發想的西點食譜製成的美味點心。蒙布朗使用了鮮奶油、栗子奶油醬、奶油醬、卡士達醬等4種餡料製作而成。

1 外盒插圖為畫家東郷青兒的作品 **2** 店內的生鮮蛋糕和烘烤點心加起來經常約有150種 **3** 加入和栗甘露煮的蒙布朗880円

2

3

簡單美味的元祖
蒙布朗

配合站前再開發而遷移到嘉德麗雅通

☎03-3723-1181 🏠目黒区自由が丘1-25-13
岩立ビル1F 🕐10:00～18:00 ㊡週二、不定休
🍴🚉東急東橫線自由之丘站正面口步行3分
MAP 附錄18 B-4

MATTERHORN的另一個人氣商品是年輪蛋糕，若是整塊購買的話還有提供客製化寫字的服務。

逛街的空檔
在銀座度過優雅的咖啡時光

銀座到處都有訴說著歷史的老鋪咖啡廳
以及飄散著濃厚歐洲氣息的咖啡館。
在屬於大人街道才有的高雅店內度過奢華的時光吧！

1 招牌薩赫蛋糕單點700円，咖啡套餐1280円 **2** 店內到處擺設了在巴西和哥倫比亞購入的銅製畫像 **3** 復刻的紅黑罐研磨咖啡豆200g 1436円等 **4** 面對中央通入口 **5** 1、2樓有100個座位

1 復古綜合咖啡與閃電泡芙的套餐1570円 **2** 迎客的旋轉門 **3** 以精品咖啡製作的咖啡凍970円 **4** 2樓擁有銀座少見的天窗

在創業超過100年的咖啡廳裡小憩
CAFÉ PAULISTA
カフェーパウリスタ

1911（明治44）年誕生於銀座，是堪稱為咖啡廳先鋒的名店。芥川龍之介和高村光太郎也非常喜愛的本店咖啡，是從各國產地直接進口高級咖啡豆後於自家烘培而成的。「森林咖啡」的種類也很豐富。

📞03-3572-6160 🏠中央区銀座8-9-16 長崎センタービル1・2F ⏰9:00～20:00（週日・假日為11:30～19:00） 休無休 🍴🚇銀座站A3出口步行5分 MAP附錄7 B-3

在復古空間裡享用正統咖啡
Tricolore本店
トリコロールほんてん

創業於1936（昭和11）年，充滿時代感的家具和照明，瀰漫著復古氛圍的老鋪。接受客人點單後才開始磨豆，以法蘭絨濾布細心手沖的咖啡，香氣迷人，風味也更加醇厚。

📞03-3571-1811 🏠中央区銀座5-9-17 ⏰8:00～17:30 休不定休 🍴🚇銀座站A5出口即到 MAP附錄7 C-3

🔔這裡也有分店　二子玉川高島屋SC店

外觀漂亮的
莓果蛋糕

温熱的烘蛋糕是絕品

在銀座WEST店內，只要點Dry Cake（烘蛋糕），店家就會復熱再端上，享受剛出爐的蛋糕口感。

❶蒙布朗搭配飲料套餐2050円～ ❷哈密瓜芭菲3000円是季節限定品項 ❸充滿明亮沉穩氣息的店內 ❹莓果蛋糕與紅茶套餐2250円

也可當作伴手禮

❶播放古典音樂的店內 ❷外堀通路邊的藍色看板就是標記 ❸冰淇淋派盤1430円 ❹左上的果醬餅乾231円等 ❺蒙布朗單點660円。咖啡1100円＋495円就能搭配蛋糕，非常划算

眺望銀座的街道，享受幸福的午茶時光

和光ANNEX TEA SALON

わこうアネックスティーサロン

位於銀座四丁目的十字路口旁，專為大人開設的TEA SALON。可以將甜點師傅在銀座的工作室自製的蛋糕和以當季水果做成的招牌芭菲搭配個性十足的紅茶、花草茶來享用。

📞03-5250-3100（TEA SALON） ⌂中央区銀座4-4-8 和光アネックス2F ⏰10:30～19:00（週日、假日為～18:30） 🈶無休 ⏰🚇銀座站B1出口即到 MAP附錄7 D-2

西點名店所提供的優雅時光

銀座WEST本店

ぎんざウエストほんてん

以發揮奶油和雞蛋等食材原有風味的蛋糕和餅乾而聞名，銀座具代表性的西點店。1947（昭和22）年作為餐廳創業後，目前雖然只剩下咖啡廳，但店內依然保留了以往的模樣。

📞03-3571-1554 ⌂中央区銀座7-3-6 ⏰9:00～21:30（週六・日、假日為11:00～19:30） 🈶無休 ⏰🚇銀座站C4出口步行5分 MAP附錄7 B-2

📖這裡也有分店 青山花園

和光ANNEX 1樓的商店經常備有大約30種生巧克力，每顆都是手工而成的。

到嚴選麵包的咖啡館
享用早餐

早餐吃得好，一整天都心情愉快。
職人以講究製法烘烤而成的麵包，
充滿濃郁香氣的好味道，為你提供奢華的早晨時光。

以白色為基調，洗鍊時尚的店鋪設計和表參道巷弄裡的氛圍檀為搭配

Morning
AM
8:00
~
11:00

1使用「mu」吐司製作的微甜法式吐司套餐1200円 **2**依照配料分別使用3款麵包的帕尼尼三明治共有10種 **3**人氣吐司「mu」400円，店內約有30種麵包

由麵包職人與咖啡大師
所提供的講究美味
BREAD,ESPRESSO &
‖表參道‖パンと エスプレッソと

以職人精心製作的麵包與咖啡廣受好評的麵包咖啡館。主打的歐式麵包特徵是薄脆外皮與柔軟口感，讓人百吃不膩。

📞03-5410-2040 🏠渋谷区神宮前3-4-9 🕐8:00～19:00 🅺不定休
🍴囲表參道站A2出口步行5分
ＭＡＰ附錄8 E-2

費時費工烤出的麵包香氣迷人，
備受好評
MAISON ICHI 代官山
‖代官山‖メゾンイチだいかんやま

依不同種類麵包使用嚴選麵粉，耗費時間發酵的麵團，緊緊抓住麵包迷的心。可以品嘗到小麥原本的迷人香氣與Q彈口感，不妨和適合搭配麵包的湯品和店家自製的熟食一起享用。

📞03-6416-4464 🏠渋谷区猿楽町28-10モードコスモスビルB1F 🕐8:00～18:00
🅺不定休 🍴囲東急東横線代官山站中央口步行3分 ＭＡＰ附錄10 B-2

Morning
AM
8:30
~

可從指定麵包中任選的超值湯品套餐759円

法式鹹派
528円

無花果與開心果麵包297円

1店鋪位於地下一樓。要注意避免錯過入口
2沙拉和熟食如法式凍派的種類也很豐富

現令讓人心動的東京／在麵包咖啡館享受用早餐

Morning AM 9:00～

1 將厚切吐司以炭火烘烤的炭烤吐司套餐750円 **2** 可愛的鵜鶘就是商標

在直營店悠閒享受人氣老字號麵包店的滋味

Pelican CAFÉ
‖田原町‖ペリカンカフェ

由從1942（昭和17）年創業以來就專注於吐司與圓麵包，長久以來備受喜愛的麵包店「Pelican」所直營的咖啡廳。從口感鬆軟到紮實的各種人氣麵包，搭配美味的咖啡一起享用。

📞03-6231-7636 🏠台東區寿3-9-11 🕐9:00～17:00 🈺週日、假日 🚉田原町站2出口步行5分 MAP附錄12 A-4

1 可頌麵包的層次極為美麗 **2** 在小麥風味中能感受酵母酸味的正宗法式長棍麵包也很受歡迎

Morning AM 8:00～

使用法國AOP奶油製作的可頌麵包590円

在巴黎備受好評的正統麵包店

MAISON LANDEMAINE 麻布台
‖六本木一丁目‖メゾンランドゥメンヌあざぶだい

由麵包職人石川芳美女士與身為甜點師傅的Rodolphe在巴黎創業的麵包西點烘焙坊。供應在法國獲獎的充滿奶油風味的可頌麵包等，正統風味一應俱全。

📞03-5797-7387 🏠港区麻布台3-1-5 麻布台日ノ樹ビル1F 🕐8:00～19:00（夏季為～16:00）🈺無休 🚉六本木一丁目站2出口步行5分 MAP附錄11 C-3

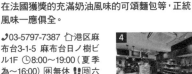

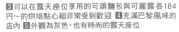

3 可以在露天座位享用的可頌麵包與可麗露各184円～的烘培點心組非常受到歡迎 **4** 充滿巴黎風味的店內 **5** 外觀為灰色。也有時尚的露天座位

巴黎直營的「MAISON LANDEMAINE」也有提供純素和以自製天然酵母製成的麵包等法國最新潮流的高品質麵包。

品嘗東京的紅豆餡
尋訪古典＆現代的「虎屋」

在氣派莊重的赤坂店內品嘗的高雅餡蜜，
以及在TORAYA AN STAND邂逅的新概念口味。
不妨以美味的虎屋餡蜜為中心，來一場糕點之旅吧。

1 色彩繽紛可愛，外觀也充滿樂趣的生菓子和
羊羹，會隨著季節而呈現不同樣貌
2 以菓子見本帳的圖案為主題的豆皿4400円

3 以屋號的「虎」為意象的羊羹千里之
風1944円是赤坂店的限定品 **4** 店內每
天製作的生菓子可搭配宇治抹茶享用

閃閃發亮如同寶石的寒天是使用嚴選石花菜製作
而成的。餡蜜1760円

透過大型窗戶可以看見赤坂御用地的綠意

親身感受品格與藝術之美

とらや 赤坂店／虎屋菓寮 赤坂店

‖**赤坂**‖とらやあかさかてん／とらやかりょうあかさかてん

約有500年歷史的虎屋旗
艦店。具有扇型曲線之美
的低層建築物是由建築家
內藤廣設計而成。2樓為賣
場，3樓為菓寮，可以眺望
宜人的景色，一邊品嘗虎
屋的優質點心。

📞03-3408-2331 🏠港区赤坂4-9-22 🕘9:00～18:00（週六・
日、假日為9:30～）、虎屋菓寮11:00～17:00 🈂每月6日
（12月除外）🚻 赤坂見附站A出口步行7分
MAP 附錄3 C-2

赤坂店
的插畫

在自動販賣機購買的小巧羊羹
在とらや赤坂店,可以在自動販賣機裡買到限定販售的小型羊羹3條入盒裝1000円,上面畫有店鋪的插畫。

可以品嘗專屬美味的概念商店

限定包裝的小型羊羹很受歡迎
TORAYA TOKYO
‖東京站‖トラヤトウキョウ

內裝部分活用了東京車站的紅磚。在咖啡廳裡可以品嘗甜點和不同季節的輕食。伴手禮則推薦畫有東京車站丸之內廳舍的小型羊羹「夜之梅」。

☎03-5220-2345 🏠千代田区丸の内1-9-1 東京站大飯店2F ⏰10:00~18:30(週六‧日‧假日為~17:30)
休無休 🚉東京站丸之內南口即到 MAP 附錄4 D-2

🔳能夠俯瞰東京車站周邊的景色 🔳包裝是以定居巴黎的畫家Philippe Weisbecker所畫的丸之內車站為設計。5條入1620円

可以輕鬆前往的咖啡廳

將紅豆抹醬搭配吐司享用
TORAYA AN STAND 新宿店
‖新宿‖トラヤあんスタンドしんじゅくてん

使用作為伴手禮也極受歡迎的紅豆抹醬搭配麵包和甜點的咖啡廳。有紅豆吐司和紅豆麵包2種。外觀也非常可愛。

☎03-6273-1073 🏠渋谷区千駄ヶ谷5-24-55 NEWoMan新宿2F
⏰10:00~21:00 休無休
🚉新宿站新南口剪票口即到
MAP 附錄16 B-4

塗抹大量紅豆抹醬的紅豆吐司551円

🔳可以輕鬆品嘗美味紅豆餡的店內
🔳抹醬除了有紅豆之外,還有草莓、栗子、柚子等期間限定口味

渾圓可愛的招牌紅豆麵包
TORAYA AN STAND 北青山店
‖表參道‖トラヤあんスタンドきたあおやまてん

瀰漫簡潔時尚氛圍的北青山店有提供附紅豆淋醬的蔬菜盒。AN STAND不同店鋪所提供的品項略有差異,不妨前去比較看看。

☎03-6450-6720 🏠港区北青山3-12-16
⏰11:00~19:00 休週二、三 🚉表參道站B2出口步行3分 MAP 附錄8 E-3

以溫熱的蒸麵團夾入紅豆抹醬的紅豆麵包481円

🔳融入北青山街道的簡潔店面 🔳香氣四溢的紅豆焙茶,可以品嘗到紅豆的甜蜜滋味631円

赤坂店的地下1樓是免費藝廊,不定期舉辦和菓子及日本文化相關的企劃展。

在沉穩的和風咖啡館
度過奢華時光……

擁有和庭園的咖啡館、日式民宅的店鋪、老鋪甜品店等，
充滿日式氣息的空間，時間的流逝似乎也變慢了。
享用美味的甜品，在和風咖啡館裡放鬆一下吧。

韻味十足的大正時代
建築物和日式庭園

使用優質抹茶和紅豆、白玉丸子的古桑庵風
抹茶白玉紅豆湯1100円

古桑庵
‖自由之丘‖こそうあん

圍繞豐富綠意與寂靜的和風咖啡館。
充滿歷史感的建築物，是在大正時代
作為個人住宅而建造的獨棟房屋。過
去當作隱居所兼茶室使用的場所，現
在則開放作為甜品店與藝廊。

📞03-3718-4203 🏠目黑区自由が丘1-
24-23 🕐12:00〜18:00（週六・日、假日
為11:00〜）🈺週三 🚃東急東橫線自
由之丘站正面口步行5分 ᴍᴀᴘ附錄18 B-3

觀賞風雅的純和風庭園，讓人身心放鬆

品嘗精緻的
日式下午茶

外觀也非常漂亮的茶間食5500円。由「一之
盆」豆皮壽司、「二之盆」小點、「三之盆」
和菓子所構成

HIGASHIYA GINZA
‖銀座‖ヒガシヤギンザ

重視傳統並融入現代風格，提供日常
和菓子的HIGASHIYA。在氣氛沉穩的
茶房裡享用3種季節茶飲、和菓子及
輕食的日式下午茶「茶間食」別有一
番風味。

📞03-3538-3240 🏠中央区銀座1-7-7
POLA銀座大樓 2F 🕐11:00〜19:00（茶
房為〜18:00）🈺無休 🚃銀座站A9號
出口步行5分 ᴍᴀᴘ附錄6 E-3

遠離銀座喧鬧的咖啡廳。也有附設商店可以
購買茶葉與和菓子

在古老的木造民宅
享用抹茶甜點

現擠抹茶蒙布朗（日本茶套餐2310円）使用了
許多香緹鮮奶油和冰淇淋

神樂坂 茶寮 本店
‖神樂坂‖かぐらざかさりょうほんてん

將木造建築的古民家改建而成的舒適
空間。最有名的是會在客人面前現擠
製作的蒙布朗。欣賞細緻柔滑的蒙布
朗奶油輕輕滑落到盤子上，實在讓甜
點迷難以招架。

📞03-3266-0880 🏠新宿区神樂坂3-1
🕐11:30〜22:00（視季節而異）
🈺不定休 🚃飯田橋站西口步行5分
ᴍᴀᴘ附錄15 B-2

1F為座位區與賣店，2F也有座位區

讓人想品嘗比較的東京三大銅鑼燒

雖然有各種說法，但一般都稱上野的「うさぎや」、淺草的「龜十」➡P.128、東十條的「黑松本舖 草月」為東京的三大銅鑼燒。

現今讓人心動的東京／在和風咖啡館度過奢華時光

使用嚴選素材的人氣甜品店

放有當季水果的水果鮮奶油餡蜜960円

あんみつ みはし 上野本店
‖上野‖ あんみつみはしうえのほんてん

1948（昭和23）年創業的人氣店。使用北海道產的紅豆、沖繩八重山產的黑糖、伊豆諸島的石花菜等講究食材。作為招牌菜的餡蜜也有伴手禮用的480円。

📞03-3831-0384 🏠台東區上野4-9-7 ⏰10:30～20:30 🈺不定休 🚉JR上野站不忍口步行3分 🗺️附錄13 C-3

🛍️這裡也有分店 atré上野店、東京站一番街店、PARCO_ya上野店等

店內裝飾有創業當時的照片

歷史悠久的銅鑼燒美味魅力再發現

早餐限定款。Usa Pancake（附飲料）1000円～。只有在9點前來店才能吃到

うさぎやCAFÉ
‖上野‖ うさぎやカフェ

1913（大正2）年創業的和菓子店「うさぎや」直營咖啡廳。店裡的獨創甜點可以盡情品嘗作為銅鑼燒的美味關鍵、以十勝產紅豆製作的風味絕佳紅豆餡，以及現烤的美味餅皮。

📞03-6240-1561 🏠台東區上野1-17-5 ⏰9:00～18:00 🈺週三 🚉上野廣小路站A4出口步行3分 🗺️附錄13 B-4

帶有夏威夷風情的店內

觀賞庭院品嘗高級日本茶

「三色餡與白玉餅」1320円，抹茶套餐為1870円

茶洒 金田中
‖表參道‖ さーしゃかねたなか

這是由銀座料亭「金田中」所營運的咖啡館。軟Q的白玉餅和以稀少的本蕨粉製作的蕨餅等，用嚴選素材做成的和菓子備受好評。可搭配玉露和雁音等宇治綠茶和抹茶一同享用。

📞03-6450-5116 🏠港區北青山3-6-1 oak omotesando2F ⏰11:30～21:30 🈺無休 🚉表參道站A1出口即到 🗺️附錄8 E-2

眼前就是由現代美術家山本博司配置石塊的苔庭

古桑庵附設的藝廊也很值得一看。會每週替換展示創作者的陶器或雜貨等各式精采作品。

在中目黑的星巴克臻選 ®
東京烘焙工坊

宛如咖啡的主題樂園，光彩奪目又華麗高貴的星巴克。
春天時可以欣賞到目黑川旁美麗盛開的櫻花，
也非常適合在此散步。

1 寬廣大氣的店內。中央的咖啡豆儲藏桶呈現出壓倒性的存在感 **2** 儲藏桶四周垂掛著約2100片的櫻花瓣 **3** 天花板的設計主題是摺紙

來趟浪漫的咖啡體驗

星巴克臻選®
東京烘焙工坊

スターバックスリザーブロースタリーとうきょう

這是星巴克日本第1間、世界第5間的大型烘培工坊店鋪。外觀設計由世界知名的建築家隈研吾打造，華麗的內部裝潢可以感受到對日本文化與職人的致敬，絕對不可錯過。限定菜單和商品也很豐富，每一層樓都能體驗到不同的世界觀。

4 可以在烘豆機附近參觀，也可以直接向烘豆師提問

📞03-6417-0202 🏠目黑区青葉台2-19-23 🕐7:00～22:00 ❌不定休
🚶‍♂️🚇東急東橫線中目黑站東口1出口步行14分 MAP 94

與鄰近商店的聯名商品

例如福砂屋的長崎蛋糕和TRAVELER'S FACTORY 的文具等，都是因為和中目黑有關聯而推出的聯名商品。設計上也採用了星巴克的風格。

5 機器翻頁顯示板引人進入一趟咖啡之旅 6 如磁磚般以杯子裝飾的牆面

可以品嘗以店裡烘焙的咖啡豆製成的限定飲品

1F
MAIN BAR
以豐富多樣的萃取方法提供嶄新的咖啡體驗。

使用在波本酒桶裡熟成的咖啡豆製成的木桶熟成冷萃咖啡1350円

10 一樓內側擺滿了來自義大利的烘焙坊「Princi」的麵包 11 剛出爐的麵包和披薩可以搭配咖啡一同享用

7 高聳的銅製咖啡豆儲藏桶 8 從無到有進行設計建造的建築物 9 宛如位於空中，充滿開放感的露天座位區

作為伴手禮的東京店原創商品

上面印有R的商標或TYO等圖案的星巴克臻選® 不鏽鋼保溫瓶TYO4800円等，各式保溫瓶和馬克杯送禮自用兩相宜。

2F
TEAVANA BAR
世界最大的茶瓦納吧台。也有日本獨有的飲品。

12 聯名馬克杯 13 菜單裡也有櫻花和抹茶等以日本為意象的飲品 14 香氣四溢的茶瓦納茶葉

成為裝潢擺設一部分的咖啡豆儲藏桶和萃取機器也很酷

3F
ARRIVIAMO BAR
提供正統雞尾酒和冷萃咖啡的大人專屬空間。

15 冠名的星巴克臻選濃縮咖啡馬丁尼2200円 16 以威士忌來萃取咖啡

露天座位區所使用的桌椅是委託山形的職人以東京的杉木訂做而成的。據說為了維持美觀耐用，還使用了特別的技術。

現今讓人心動的東京／星巴克臻選® 東京烘焙工坊

在東京親身體會現代藝術

能夠沉浸在世界級人氣藝術家的世界裡的美術館，
以及採用最新技術，讓人有異世界體驗的新感覺藝術空間等，
前往能用全身親自體驗的藝術景點吧。

❶外觀是特別顯眼的白色壁面
❷一整面搭配作品主題的玻璃窗也很時尚

Photo by Kawasumi-Kobayashi Kenji
Photograph Office

《水玉強迫》1999年（草間彌生美術館的設置場景 2019年）
在草間世界全開的館內讓人不禁雀躍不已

©YAYOI KUSAMA

❸展示系列畫作《吾永遠的魂靈》
❹屋頂也有放置南瓜展品。可以盡情拍照

©YAYOI KUSAMA

盡情感受前衛藝術家所構織的普普藝術之美

草間彌生美術館 ‖早稻田‖くさまやよいびじゅつかん

一踏入館內，到處都能看到獨特的圓點圖案。
這是由活躍的前衛藝術家草間彌生所設立的美術館。每年約有2次展覽，可以從各個角度盡情沉浸於創作者的世界觀中。屋頂上可以眺望早稻田地區。

不鏽鋼製的南瓜立體
作品《PUMPKIN》
2015年

©YAYOI KUSAMA

📞03-5273-1778 🏠新宿区弁天町107 🕐11:00～16:30
🈺不定休 💴1100円（事前預約，有人數限制，無販售當日票） 🚶牛込柳町站東口步行6分
MAP 附錄3 C-2

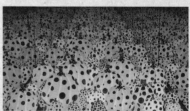

©YAYOI KUSAMA

《南瓜小子向無限的遠方呼喊愛情》2017年

將行李寄放，以赤腳感受的
體感型藝術

赤腳沉浸於作品世界

teamLab Planets TOKYO DMM

‖豐洲‖チームラボプラネッツトーキョーディーエムエム

由藝術團體teamLab的4個巨型藝術作品空間和2個庭園所組成的「進入水中的博物館和與花融為一體的庭園」。藉由讓全身沉浸在作品中，能夠感受到宛如迷失在異世界中的體驗。

☎03-6387-9306（DMM Support Center）🏠江東區豐洲6-1-16
🕐視時期而異（請上官網確認）
🈺不定休
🉐3800円 🚃百合海鷗號新豐洲站即到
[MAP]附錄2 D-3

teamLab〈Floating Flower Garden: 花朵與我同根同源，花園與我合為一體〉©teamLab

■1在充滿花朵的空間裡，感受自身與花朵融為一體的感覺 ■2可以在作品空間裡品嘗Vegan Ramen UZU Tokyo的拉麵和甜點 ■3花店裡有販售作為作品的盛開花朵 ■4在無限延伸的水面裡游動的錦鯉，一碰到人就會變成花朵四散而去

「teamLab Flower Shop」東京 豐洲©teamLab

teamLab〈錦鯉與人共舞所描繪之水面圖──無限〉©teamLab

草間彌生美術館沒有販售當日票，採指定日期時間的預約制。門票只能在美術館的官網購買，建議事先買好。

在美術館及文學館
度過知性的午後時光

在位於市中心、能輕鬆前往的美術館度過
與藝術接觸的安靜時光也不錯。
還可以順道前往有各種講究菜色的咖啡廳。

沉穩高雅的本館大客室的水晶吊燈，是由
René Lalique所製作的

本館 正面玄關
刻有女性雕像的玻
璃浮雕大門和一整
面的馬賽克地板，展
現纖細的美感

大門、玻璃、壁
面、天花板等都
有細緻的圖案，
可以慢慢鑑賞

照明也很值得一看

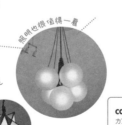

本館次室與香水塔
位於中央的是白瓷
香水塔。藉由上方的
照明加熱香水，讓空
間瀰漫淡淡的香氣

優雅的裝飾藝術風格洋館
東京都庭園美術館

‖白金台‖とうきょうとていえんびじゅつかん

建於昭和初期的本館是華麗
的裝飾藝術風格，光是建築
物本身就很有觀賞價值。本
館和新館隨時都有舉辦調合
建築之美的企劃展。

☎050-5541-8600（代接專線）
🏠港区白金台5-21-9
🕙10:00～17:30 休週一（逢假
日則翌日休）、換展期間 ¥視
展覽而異
🍴🚇白金台站一號出口步行6分 MAP 附錄10 C-3

café TEIEN
カフェテイエン

位於新館，能觀賞綠意豐富的庭
園放鬆休憩的咖啡廳。杯盤上都
有裝飾藝術，增添藝術氛圍。

也有咖啡廳

☎03-6721-9668
🕙10:00～17:00（飲品
～17:30）
休以設施為準

蛋糕900円～會
視季節和展覽內
容而改變種類

現令讓人心動的東京／在美術館或文學館度過知性的午後時光

1 挑高空間裡擺放了犍陀羅國和中國的石雕作品
2 美麗的日本庭園裡有4棟茶室

日本及東洋的寶貴古美術品

根津美術館

‖ 表参道 ‖ ねづびじゅつかん

收藏了繪畫、書法、陶瓷、漆藝等國寶和重要文化財約7600件。有6間展示廳會舉辦企劃展和特別展。

☏03-3400-2536 ⌂港区南青山6-5-1 ⏰10:00～16:30 週一（逢假日則翌日休）、換展期間 ¥1300円～（需上網預約指定日期時間）🚇表参道站A5出口步行8分 MAP 附錄8 F-3

也有咖啡廳

咖啡廳只限美術館入館者使用。NEZU特調咖啡750円

NEZUCAFÉ ネヅカフェ

可以觀賞綠意盎然的庭園，品嘗原創特調咖啡和輕食、甜點。

☏03-3400-2536（根津美術館）⏰10:00～16:00 ㊡以設施為準

1 收藏了東亞相關文獻的Morrison書庫 **2** 以書籍為意象的建築設計

充滿夢幻美感的Morrison書庫

東洋文庫博物館

‖ 駒込 ‖ とうようぶんこミュージアム

1924年設立的東洋學研究圖書館。包含5件國寶、7件重要文化財在內，共收藏了約100萬冊。也有貴重書籍和浮世繪收藏品的公開展示。

☏03-3942-0280 ⌂文京区本駒込2-28-21 ⏰10:00～16:30 週二（逢假日則翌平日休）、換展期間 ¥900円 🚉駒込站步行8分 MAP 附錄2 D-1

也有咖啡廳

起司蛋糕附飲品1200円

Orient Café オリエント・カフェ

由小岩井農場所營運的咖啡廳。可以品嘗到使用講究食材做成的美食。

☏03-3942-0400 ⏰11:30～19:00（午餐為～14:30，晚餐為17:00～）㊡以設施為準

能對現代文學有更深入的了解

日本近代文學館

‖ 駒場 ‖ にほんきんだいぶんがくかん

能夠在此閱覽與日本近代文學有關的圖書雜誌，也有舉辦文學講座。如果喜愛近代文學的話，一定不可錯過。

☏03-3468-4181 ⌂目黒区駒場4-3-55（駒場公園内）⏰9:30～16:00 ㊡週日、一（逢假日則翌日休）、第4週四、2・6月的第3週 ¥300円 🚉京王井之頭線駒場東大前站西口步行7分 MAP 附錄3 C-2

日本近代文學館位於曾為舊加賀藩16代當主前田利為宅邸的駒場公園內

也有咖啡廳

BUNDAN COFFEE & BEER ブンダンコーヒーアンドビア

以作家名字命名的咖啡，還有在小說中登場的料理等，可以享用文學世界中的美味。

☏03-6407-0554 ⏰9:30～15:50 ㊡以設施為準

雞肝三明治與咖啡套餐1600円

從東京都現代美術館入口處壁面的圓洞中照射進來的光線，會在地板上呈現出美麗的圖案。

御守和御朱印也不可錯過
前往有各種庇佑的神社

東京有許多能提升各種運氣的神社，
也有很多可愛的御守和御朱印。
參拜後不妨也購入可愛的御守來召喚幸福吧。

色彩繽紛的手鞠球造型極為可愛的良緣鞠守700円

勝守（小）各600円，勝守（大）各800円

在鈴蘭花上繡有串珠的鈴蘭串珠御守各700円

印有拜殿、櫻花、神紋等設計的切繪御朱印1000円

日枝神社朱印帳・黃1500円。御朱印500円

裡面有神猿守的神籤籤。初穗料500円

有季節花卉美麗刺繡的幸福花卉御守各600円

保佑提升財運的金運守（左）700円和開運干支守（右）500円

日本首個舉辦神前結婚式的神社

 ## 東京大神宮
‖飯田橋‖とうきょうだいじんぐう

1880（明治13）年作為伊勢神宮的遙拜殿而創建，以「東京的伊勢神宮」之名廣為人知。據說能保佑締結良緣，也是神前結婚式的創始神社，極富盛名。

☎03-3262-3566
⌂千代田区富士見2-4-1 ⏰6:00～21:00（御守授與為8:00～19:00）休無休 ¥免費參拜 🚃飯田橋站西口步行5分 MAP附錄15 C-2

位於東京都心的能量景點

 ## 花園神社
‖新宿‖はなぞのじんじゃ

自古以來就作為新宿總鎮守而廣為人知的神社。在締結良緣、消災解厄、開運出世、才藝精進等各方面，受到各年齡層參拜客的喜愛。11月會舉辦西之市。

☎03-3209-5265
⌂新宿区新宿5-17-3 ⏰境內自由（社務所為9:00～20:00）休無休 ¥免費參拜 🚃新宿三丁目站E1出口即到 MAP附錄16 C-3

猴子圖案的授與品非常可愛

 ## 日枝神社
‖赤坂‖ひえじんじゃ

1659（萬治2）年遷移到目前所在地永田町的日枝神社。有許多以山神使者神猿為主題的授與品，據說能保佑締結良緣、生意興隆等。

☎03-3581-2471
⌂千代田区永田町2-10-5 ⏰6:00～17:00（授與所・朱印所為8:00～16:00，祈禱受理為9:00～16:00）休無休 ¥免費參拜 🚃溜池山王站7號出口步行3分 MAP附錄5 A-3

每月更換的御朱印設計

氣象神社的御朱印會配合時令每月進行更換，大約有40～50個橡皮擦印章的不同組合設計。

御朱印帳1500円與色彩繽紛的御朱印500円

上面有著大太陽的晴天御守800円

讓心情變得開朗的掃晴御守（藍色）800円

造型可愛的結緣御守各800円

畫有招財貓的原創繪馬各700円

色彩鮮豔的御朱印帳（藍色）1500円。御朱印500円

鴿子籤100円。裡面有鴿子捎來的訊息

畫有2隻白鴿的繪馬500円

日本唯一祭祀氣象之神的神社

Ⓓ 氣象神社
‖高圓寺‖きしょうじんじゃ

這是祭祀司掌「晴、陰、雨、雪、雷、風、霜、霧」等8種氣象條件的神明「八意思兼命」的神社。想祈求避免天災的人、以氣象預報士為目標的人都經常前來參拜。

☎03-3314-4147
🏠杉並區高円寺南4-44-19 ⏰6:00～17:00（社務所為9:00～16:00）㊡無休 ¥免費參拜 🚉JR高圓寺站南口即到 MAP附錄3 B-2

支持祈求戀愛順利的女性

Ⓔ 今戶神社
‖淺草‖いまどじんじゃ

創建於1063（康平6）年的神社，祭祀七福神當中的福祿壽神。作為結緣與婚活神社，以祈求好姻緣的年輕女性為主，每天都有許多參拜者。也是很有名的招財貓發源地。

☎03-3872-2703
🏠台東區今戶1-5-22 ⏰境內自由（御守、繪馬的授與為9：00～16:00）㊡無休 ¥免費參拜 🚉淺草站6號出口步行15分 MAP附錄2 D-1

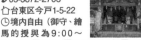

用可愛的鴿子籤來碰碰運氣

Ⓕ 鳩森八幡神社
‖千馱谷‖はとのもりはちまんじんじゃ

作為地域總鎮守的神社。境內有1789（寬政元）年建造的富士塚和作為神木的大銀杏等。許多人都會前來祈求鴿子籤、繪馬和御守等。

☎03-3401-1284
🏠涉谷區千馱ヶ谷1-1-24 ⏰9:00～17:00 ㊡無休 ¥免費參拜 🚉JR千馱谷站步行5分 MAP附錄18 C-2

要前往今戶神社，從淺草站搭乘台東區循環巴士北めぐりん就能方便抵達。在「リバーサイドスポーツセンター前」巴士站下車即到。

包裝和外型都
極為可愛的伴手禮

收到後讓人不禁露出笑容的可愛包裝，
以及外型討喜的甜點，最適合當作伴手禮送給重要的人。
而這樣的東京伴手禮也很適合作為慰勞自己的禮物。

銀座本店SHOP限定商品
PUTITS FOURS SECS
PUTITS 2160円

銀座本店SHOP限定商品
花椿巧克力10種 各270円

貓咪綜合餅乾盒
3900円

貓頭鷹焦糖餅乾5片裝
1350円

鹽黑豆蛋糕捲
（白加黑）組合3888円

各種高水準的甜點齊聚一堂

 SHISEIDO PARLOUR 銀座本店SHOP

‖ **銀座** ‖ しせいどうパーラーぎんざほんてんショップ

在SHISEIDO PARLOUR的創業地推出的特別包裝限定
糕點。只有這裡才能買到的銘菓最適合做為伴手禮。

☎03-3572-2147 ⌂中央区銀座8-8-3 東京銀座資生堂ビル1F
🕐11:00～20:30 ㊡無休 🚇銀座站A2出口步行7分
MAP附錄7 B-2

人氣西點店的沙布列餅乾伴手禮

ⓑ **巴裡 小川軒** 新橋店

‖ **新橋** ‖ ばりおがわけんしんばしてん

長久以來備受喜愛的西點名店。販售可愛的貓頭鷹造型
餅乾和各種烘焙點心等。

☎03-3571-7500 ⌂港区新橋2-20-15 新橋駅前ビル1号館1F
🕐10:00～18:30 ㊡週日、假日不定休
🚇JR新橋站汐留口即到 MAP附錄7 A-2

充滿玩心的可愛造型讓人興致盎然

ⓒ **PASTRY BOUTIQUE WESTIN DELI**

‖ **恵比壽** ‖ ペストリーブティック ウェスティン デリ

由飯店製作提供，使用嚴選食材的蛋糕和烘焙點心。沉
穩大方的包裝也極富魅力。

☎03-5423-7778 ⌂目黒区三田1-4-1 東京威斯汀酒店1F
🕐10:00～20:00 ㊡無休 🚇恵比壽站東口步行7分 MAP附錄10 B-4

以高級丹波黑豆製成的糕點

 しろいくろ

‖ **麻布十番** ‖

大量使用嚴選丹波黑豆製造的糕點。也有販售黑豆茶和
黑豆大福等。

☎03-3454-7225 ⌂港区麻布十番2-8-1 🕐10:00～18:00
㊡不定休 🚇麻布十番站4號出口步行5分 MAP57

12 片盒裝 1490円

巴斯克起司蛋糕
800円

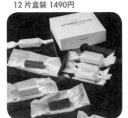

8 片盒裝
各993円

夜空罐18片裝
1500円

Sabrina 6個
1080円

以祕傳食譜製作的濃厚起司蛋糕

 GAZTA
∥白金∥ガスタ

以西班牙巴斯克地區的傳統老店祕傳食譜為基礎製作的
起司蛋糕，是香醇濃郁的逸品。

☎03-3440-7495 🏠港区白金1-14-10 ⏰9:00～19:00（商品
售完即打烊） 🈳週一（逢假日則翌日休） 🚇白金高輪站4
號出口步行3分 MAP 附錄3 C-3

以星星和鳥類為造型的可愛餅乾

 菓子工房Rusu Rusu 淺草店
∥淺草∥かしこうぼうルスルスあさくさてん

將充滿復古風情的日本家屋改裝而成的果子工房。檸檬
風味的糖霜餅乾很受歡迎，建議事前預約。

☎03-6240-6601 🏠台東区浅草3-31-7 ⏰12:00 ～ 18:30
🈳週日～週三 🚇淺草站6號出口步行9分 MAP 附錄12 C-1

可愛的禮物盒伴手禮

 NUMBER SUGAR表參道本店
∥神宮前∥ナンバーシュガーおもてさんどうほんてん

全部都以手工製作的焦糖專賣店。外盒印有不同程度盛
開的玫瑰、可以自行搭配組合的禮盒很受歡迎。

☎03-6427-3334 🏠渋谷区神宮前5-11-11 1F ⏰11:00～19:00
🈳無休 🚇明治神宮前站4號出口步行5分 MAP 附錄8 D-2

堅持使用法國產奶油的派皮西點

Karou Butter Sabrina
∥東京站∥かおるバターサブリナ

使用法國夏朗德省產的奶油製作的烘焙點心專賣店。可
以品嘗到香濃味美的奶油與輕盈的口感。

☎0120-702-147 🏠千代田区丸の内1-9-1 JR東京站1F剪票口內
⏰8:00～22:00（週日、連休最終日的假日為～21:00）
🈳以GRANSTA東京為準 🚉東京站內 MAP 附錄4 D-2

內外皆美的東京車站

古典風格的圓頂

A

幻想氛圍的夜景
也很漂亮♪

以紅磚為象徵的車站大廳有許多可看之處，像是復原了創建
當時的外貌，以及南北圓頂內的裝飾等

美麗的裝飾
不禁讓人陶醉

眼前就是圓頂

B

可以盡情地
觀賞圓頂

鄰近車站的東京站大飯店內部出乎意料地
安靜。房間裡也非常值得鑑賞，就像住進了
美術館裡一樣

在車站頂層空間
吃早餐

A **東京車站** ‖丸之內‖とうきょうえき
車站 千代田区丸の内1-9-1 MAP附錄4 D-2

B **東京站大飯店**
‖丸之內‖とうきょうステーションホテル
飯店 📞03-5220-1111 千代田区丸の内
1-9-1 ⏰IN15:00、OUT12:00 圍洋150 ¥1泊
附早餐37125円〜 JR直通東京站丸之內南
口 MAP附錄4 D-2

在活用車站頂層空間的
休息廳裡吃早餐是住宿
者的特權

開心散步的街區

東京不同的街區各有不同的風貌。
能發現最新最潮事物的表參道與澀谷、
疊合歷史與新潮的日本橋與人形町、
匯集復古可愛東西的谷根千、
手作文化根深蒂固的藏前和清澄白河、
能享受宛如在地居住生活樂趣的中目黑與吉祥寺⋯⋯
比較著各街區的差異，
悠閒散步也非常有趣。

在都心充滿綠意的舒暢咖啡館裡
享受悠閒的時刻

雖然位於東京都心，四周卻有豐富大自然的南青山地區。
在綠意和花卉環繞的私藏咖啡館中
享受悠閒的假日下午茶時光。

■1 與Aoyama Flower Market 南青山本店相鄰
■2 位於2樓的 FLOWER VASE GALLERY
■3 可以品嘗到跟餐點和甜點一樣使用新鮮花草做成的飲品
■4 花草綠意環繞的茶室

季節花卉環繞的茶室

Aoyama Flower Market GREEN HOUSE

‖ 表参道 ‖ アオヤマフラワーマーケット グリーンハウス

位於表参道中心，一踏入茶室就宛如置身於充滿花草與陽光的溫室。餐桌、天花板、牆面都有綠意擺設，四周皆為以每週更新的當季花卉展示。與美味的紅茶一起提供讓人放鬆休憩的時光。

使用自製的玫瑰果凍和莓果慕斯做成的花卉芭菲990円

■5 調和了花卉、果實、香料的花香紅茶。各種770円
■6 花冠法式吐司 1485円

📞03-3400-0887 🏠港区南青山5-4-41 GLASSAREA青山1F 🕙10:00～20:00（飲品～20:30）🈷無休 ‼🚇表参道站B1・B3出口步行4分 MAP 附錄8 F-3

❶裝飾在大門上的LOGO也很可愛
❷使用自家烘焙咖啡豆製作的MIX SOFT SERVE 550円

❸綠意豐富的廣場附設了咖啡廳和商店
❹京都人氣名店的烘焙房「NAKAMURA GENERAL STORE」的司康450円 ❺加了炸雞和塔塔醬的皮塔餅三明治1400円

店內設置了德國的老牌烘豆機「PROBAT」。依季節嚴選咖啡豆精心烘培

在南青山的綠洲裡品嘗咖啡

Little Darling Coffee Roasters
‖乃木坂‖ リトルダーリンコーヒーロースターズ

將寬廣的倉庫改建而成的烘焙師咖啡廳。前方有偌大的草坪廣場，可以看到外帶咖啡在此享用的人，或是鋪了野餐墊在此放鬆的家庭。宛如身處外國，讓人片刻忘記這裡是東京都心。

📞03-6438-9844 🏠港区南青山1-12-32 SHARE GREEN MINAMI AOYAMA 内 🕙10:00～18:30 ㊡不定休 🚶🚇乃木坂站6號出口步行4分
🗺️附錄3 C-2

❻可以從濃縮咖啡機和手沖咖啡中選擇喜歡的萃取方法 ❼視季節而異，約有5種咖啡豆

Aoyama Flower Market GREEN HOUSE也會舉辦各種活動，例如使用花卉製作芳香小物等。

在雅致的空間裡品嘗話題美食
表參道的時尚咖啡館與麵包店

表參道地區集結了許多個性十足的時尚咖啡館。
不妨前去體會一下在高雅空間裡
品嘗話題美食吧。

① 店內有許多味道與口感各異的蘋果派 ② 走復古美國風裝潢的店內 ③ 也可以外帶作為伴手禮

走在骨董通上就能看見看板

散發懷舊感
有如奶奶做的蘋果派

GRANNY SMITH APPLE PIE & COFFEE 青山店
グラニースミスアップルパイアンドコーヒーあおやまてん

招牌料理是大量使用從合作農家直送的蘋果做成的蘋果派。包含固定商品和季節限定商品,可以吃到不同口味、變化豐富的蘋果派。

散發杏仁奶油和肉桂香氣的杏仁蘋果派820円

有美式的家庭味道

咖啡廳 ☎03-3486-5581 ⌂港區南青山5-8-9 ⏰11:00～20:00 ㊡無休 🚇表參道站B4出口步行3分 MAP附錄8 E-3

✳•✳

紐約超人氣的咖啡館
登陸日本

Ralph's Coffee
Omotesando
ラルフズコーヒーオモテサンドウ

由RALPH LAUREN所營運的咖啡館。可以品嘗到使用在中南美等地栽培的最高級咖啡豆的紐約人氣咖啡品牌特調咖啡。

咖啡廳 ☎無 ⌂渋谷區神宮前4-25-15 ⏰10:00～19:00 ㊡不定休 🚇明治神宮前〈原宿〉站A5出口步行3分 MAP附錄8 D-2

① 以LOGO的綠色為主調的店內。磁磚地板也很時尚 ② 也有紅茶和檸檬水等

Ralph's咖啡605円。也有三明治等輕食

Ralph's巧克力蛋糕1045円、拿鐵693円

每次造訪都能遇見新滋味
在CLINTON ST. BAKING COMPANY，除了有當月菜單的鬆餅之外，也有提供與眾不同的當月飲品。

在當地獲得高評價的店進軍東京

CLINTON ST. BAKING COMPANY

クリントン・ストリート・ベイキング・カンパニー

在紐約有「早午餐之王」美名的休閒餐廳首間海外店面。不僅是超人氣的鬆餅，就連餐廳菜色也忠實呈現了當地的正宗口味。

咖啡廳 ☎03-6450-5944
🏠港区南青山5-17-1 YHT南青山ビル1・2F ⏰9:00～17:00（週六・日、假日為8:00～）休不定休
🍴地表参道站B1出口步行6分 MAP附錄8 F-4

原味、藍莓、巧克力等
5種口味選擇的鬆餅搭配楓糖奶油1540円

1 新潮的紅色外觀非常引人注目 2 裝飾有主廚老闆照片的時尚店內 3 在充滿美國風的室內裝潢中品嘗咖啡

❋

亞馬遜可可(半份345円)

宛如童話世界的麵包店

AMAM DACOTAN 表参道店

アマムダコタンおもてさんどうてん

石造的圓弧架構和乾燥花的裝飾，營造出童話世界風格的麵包店。使用日本產小麥製作的麵包夾入大量自製熟食的漢堡，以及羅馬生乳包都非常受歡迎。

パン ☎03-3498-2456 🏠港区北青山3-7-6 ⏰10:00～19:00（售完打烊）休不定休
🍴地表参道站B4出口步行5分 MAP附錄8 E-3

店名為愛奴語的新詞，意為「小麥之家」

1 吧台陳列了各種配料滿滿的麵包 2 麵包種類有120種以上 3 購買的麵包可以在店前的用餐區享用

表参道周邊有越來越多咖啡館講究咖啡豆的產地和烘焙方法。一邊請教咖啡師一邊品嘗比較也非常有趣。

稍微遠離主要街道
來場時尚優雅的表參道文化散步

與充滿個性的藝術作品接觸，悠閒安靜地消磨時間也不錯。
購買新感覺的商品，在咖啡館填飽肚子。
前往這個時期限定的展示會或活動會場吧。

鑑賞國際級的現代藝術
WATARI-UM美術館
ワタリウムびじゅつかん

以現代美術、建築、攝影、設計為中心，企劃各種嶄新展覽的個性派美術館。會定期舉辦展覽、工作坊、演唱會等，將活躍於國際上的藝術家介紹給大眾。

美術館 📞03-3402-3001
🏠渋谷区神宮前3-7-6 🕐11:00~19:00 休週一 ¥視展覽而異
🍴📍外苑前站3號出口步行7分
MAP 附錄8 F-1

以現代藝術為中心舉辦各種展覽。左／展示以收藏品為主的「毫無理由反抗展」（2018年4月7日~8月26日）©金井記彰 右／由建築家Mario Botta所設計的建築物也是一大看點

有許多藝術雜貨和美術書籍
on Sundays オンサンデーズ

WATARI-UM美術館的美術館商店。有許多國內外作家的作品，地下樓層也附設有販售美術與建築相關書籍的藝廊和咖啡廳。也會不定期舉辦各種展示活動。

美術館商店・藝廊&咖啡廳 📞03-3470-1424 🏠渋谷区神宮前3-7-6
🕐11:00~20:00 休無休 🍴📍外苑前站3號出口步行7分 MAP 附錄8 F-1

使用季節水果做成的冰沙1300円

1樓有販售明信片、文具及原創商品等

地下樓層陳列了許多藝術商品及美術、攝影、建築相關書籍

左／原創托特包各2420円 右／加藤泉聯名商品牛奶玻璃馬克杯5500円

也可以實際觸摸《母之塔》的原型等放在庭院
的造型物品

■內也有會依季節而改變
服裝的岡本太郎人像，是
從真人取模所做成的
■胸針《狗的植木鉢》
（左）與《年輕的夢》
（右）各660円

體驗「藝術就是爆炸」
岡本太郎記念館
おかもとたろうきねんかん

這是公開岡本太郎的工作室兼
住家的紀念館。館內和庭院中
收藏展示了色彩豐富的油畫作
品和雕刻等。保留了大師生前
使用的畫筆和工作檯的工作室
也很值得一看。

紀念館　☎03-3406-0801　港区
南青山6-1-19　⏰10:00～17:30
㊡週二（逢假日則開館）、換展期
間　¥650円　表參道站A5出口
步行8分　MAP附錄8 F-3

開心散步的街區／表參道文化散步

在紀念館敷地內的咖啡館嘗甜點
a Piece of Cake　ア・ピース・オブ・ケーク

位於岡本太郎記念館入口處
左邊的咖啡廳。有起司蛋糕
等數種備蛋糕可以選擇。
能夠外帶的烘焙點心也非常
受歡迎。店內來自美國的古
董也不妨一看。

咖啡廳　☎03-5466-0686
港区南青山6-1-19
⏰11:00～17:00　㊡週二、三
表參道A5出口步行8分
MAP附錄8 F-3

明亮的店內是沉穩的空間。天氣好的
時候，坐在綠意盎然的露天座位上也
非常舒服

蛋糕套餐1950円～

■與世界各國的設計師聯名的原創手帕。+S手
帕各1430円　■以「日常使用的玻璃品」為主題
所創作的河上智美玻璃商品4180円～

可以在配合季節進行陳
列展示的寬敞店內悠閒
逛逛

讓日常更加豐富愉快的
選品雜貨
Spiral Market
スパイラルマーケット

透過生活中實際使用的雜
貨展開新生活提案的選品
店。販售從國內外採購而
來的設計簡潔、能讓人長
久使用的商品

雜貨　☎03-3498-5792
港区南青山5-6-23　スパイ
ラル2F　⏰11:00～19:00
㊡無休　表參道站B1出
口即到　MAP附錄8 E-3

連結岡本太郎記念館和根津美術館 P.33到六本木的國立新美術館 P.54的道路稱為「美術館通」。

想稍微奢侈一下的日子
在表參道品嘗絕妙的法式午餐

表參道附近有許多讓美食家讚嘆、
在日法國人也會去的法式料理名店。
這些充滿魅力的餐廳用合理價格就能品嘗道地美味。

作為前菜供應的鵝肝脆皮三明治是L'AS的招牌菜

酪梨鮮蝦完美融合了酪梨泥與涼拌甜蝦

Dinner Menu
無菜單全餐···6600円
加上甜點為9～10道菜還有咖啡，菜色約3週更換一次。

法國產的烤乳鴿佐薩米斯醬汁。附自製義大利麵

套餐的海鮮料理也很豐富。這是配合鰹魚赤身突顯其紅色的嶄新擺盤設計

甜點是做成火堆造型的安納芋冰淇淋

可以便宜享用高級料理的名店

L'AS ラス

餐桌的抽屜裡有餐具，菜單只有午晚共同的一套全餐。在簡單的系統中，可以用合理的價格享受高品質的法式料理。使用當季食材並講究產地，讓人可以盡情地飽餐一頓

📞080-3310-4058 🏠港区南青山4-16-3 南青山コトリビル1F ⏰17:30～22:00 🈺不定休
🍴📶表參道站M4出口步行7分
MAP附錄8 F-2

充滿現代風格的時尚店內

一旦決定好旅行的日程就早點預約

L'AS最好在2週前預約；BENOIT則要在1週前預約。可以試著洽詢是否有空位後再安排旅行計畫。

©Pierre Monetta

圍繞在法國家具裡的美食法式小餐館

BENOIT ビストロ ブノワ

艾倫·杜卡斯開的法式小餐館，可以享受巴黎的口味與氣氛。店裡的骨董全是從法國帶來的，給人南法宅邸的印象。將法國各地的傳統料理以現代方式做變化，分量十足。

☎03-6419-4181 ⚑渋谷区神宮前5-51-8 La Porte Aoyama10F ⏰11:30～14:00、17:30～20:30 🈳無休 🍴地表参道站B2出口步行3分 MAP附錄8 E-3

©Pierre Monetta

主菜是葡萄酒燉鴨腿肉，搭配用玉米粉做成的泥狀玉米糊

爬上螺旋樓梯後，是一片圍繞大玻璃窗的明亮用餐空間

人氣經典前菜：醃泡鮭魚馬鈴薯

Lunch Menu
特價午餐…4470円～
從4～6種菜色中選1道前菜，還有主菜、甜點並附咖啡。主菜隨季節更換。

BENOIT沙拉。有滿滿的培根、鵝肝及法式肉凍

以巧克力與鹽味焦糖仔細熬煮而成的牛奶冰淇淋
©Pierre Monetta

©Pierre Monetta

在L'AS加5500円就能享用一杯搭配料理的葡萄酒，有5種選擇。

開心散步的街區／在表參道品嘗法式午餐

前往集結了日本好東西的澀谷
尋找當地的食品和工藝品

能感受到製作者心意的日本各地的食品和工藝品。
只有到當地才能遇見的好東西,以及外型可愛的商品,
都能在澀谷找得到。

傳播製作的魅力

d47 design travel store
ディヨンナナデザイントラベルストア

由d design travel編輯部所推動,販售日本47都道府縣的名產和傳統工藝品的商店。商品各自都附有評語,讓選購時的樂趣更加倍。

☎03-6427-2301 🏠渋谷区渋谷2-21-1 渋谷ヒカリエ 8F d47 MUSEUM內 🕐12:00~20:00 困無休 🚇澀谷站中央剪票口步行5分 MAP附錄8 D-4

❶販售編輯部到日本全國採訪時發現的好東西 ❷❸附設d47 MUSEUM與d47食堂 ❹也有各地的特產品和禮品(照片為參考意象,可能會與實際販售商品有所不同)❺也有販售旅遊指南《d design travel》

品嘗各地美味的食堂
d47食堂 ディヨンナナしょくどう

使用四季盛產的食材,以定食型態推廣美食的魅力。也有提供日本產的精釀啤酒和葡萄酒。

☎03-6427-2303 🕐11:30~19:30 (用餐為~19:00) 週五、六、假日的前日為~20:00 困週三

❻以炸竹莢魚為主菜的長崎定食 2200円 ❼充滿自然光的店內

店內的主題是「從一碗煮好的飯開始擴散的美味之輪」

可以買到嚴選食材

AKOMEYA TOKYO 東急PLAZA澀谷

アコメヤトウキョウとうきゅうプラザしぶや

為日本生活提出建議的生活用品商店。經常備有20種以上的精選白米，包裝也很時尚。也有許多適合送禮的商品。

📞03-5422-3591 🏠渋谷区道玄坂1-2-3 東急PLAZA澀谷2F ⏰11:00～21:00 🈚無休 ‼️🚃澀谷站西口即到 🗺️附錄9 C-4

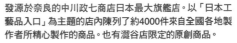

1 酒粕與日本酒的美容化妝水2750円 2 日式飯糰模型小1870円

非常下飯的定食食堂

AKOMEYA食堂

アコメヤしょくどう

搭配土鍋炊煮的白飯，提供以精選食材與調味料做成的定食料理。

土鍋飯御膳2000円

📞03-5422-3592 ⏰11:00～20:30

讓工藝品融入日常生活之中

中川政七商店 澀谷店

なかがわまさしちしょうてんしぶやてん

發源於奈良的中川政七商店日本最大旗艦店。以「日本工藝品入口」為主題的店內陳列了約4000件來自全國各地製作者所精心製作的商品。也有澀谷店限定的原創商品。

📞03-6712-6148 🏠渋谷区渋谷2-24-12 SHIBUYA SCRAMBLE SQUARE11F ⏰10:00～21:00 🈚無休 ‼️🚃澀谷站宮益坂口即到 🗺️附錄9 C-4

1 店內陳列的商品大多都能拿在手上試用

1 也有每月進行更換的企劃展 2 以創業地奈良的街道為意象的店內。尋找商品時就像在散步一樣

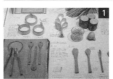

澀谷店限定的陶製御神籤。澀谷犬御神籤550円

中川政七商店 澀谷店也可以用手紡手織的麻布來訂做喜歡的商品，從各個面向來享受工藝的樂趣。

稍微遠離喧囂
從駒場前往引人注目的奧澀谷

在充滿大自然的駒場欣賞民藝品和精品器皿之後，
前往令人注目的奧澀谷巡訪個性十足的書店和咖啡廳。
從駒場到奧澀谷，要不要順道前往散步一下呢？

感受存在於庶民生活之中的美感

日本民藝館 ‖駒場‖ にほんみんげいかん

以「民藝運動之父」的柳宗悅為核心所創設的民藝運
動根據地。收藏了陶瓷器、染織、木漆、繪畫等超過
17000件收藏品。

民藝館 ☎03-3467-4527
🏠目黑区駒場4-3-33 ⏰10:00～
16:30 休週一(逢假日則翌日休)
💴全票1200円 🚃京王井之頭
線駒場東大前站西口步行7分
MAP附錄3 C-2

❶民藝館商店也有販售讓人想
買來作為伴手禮的各式器皿
❷位於閑靜的住宅街一角，宛
如跨越時空的建築物

混合了和洋創意的開放式玄關大廳的樓梯與挑高空間

聚焦在誕生於大眾生活之中的美威

❸翻修過的大展示廳。沒有指定路線，可隨意自由參
觀。 ❹館內的長椅也是收藏品。可以親手接觸跨越時
代和國家的共通美威

❶與茶釜合為一體的吧檯桌
❷使用北海道產紅豆製作的
一口最中與咖啡拿鐵套餐
1030円

同時享受器皿與咖啡廳

器&cafe Lim. ‖駒場‖ うつわとカフェリム

在時尚的店內展示販售著創作者
製作的器皿。可以搭配日本茶和
咖啡，在咖啡廳中享用日式風味
的甜點。

器・咖啡廳 ☎03-3469-8555
🏠目黑区駒場3-11-14
⏰10:00～17:30 休週一 🚃京
王井之頭線駒場東大前站西口即
到 MAP附錄3 C-2

奧澀谷地區有許多充滿魅力的店鋪

■ 店內也會舉辦不定期展示、脫口秀等活動 ② 也有販售獨特的文具和舊衣、雜貨等

咖啡320円～。以「用精心沖泡的一杯來豐富生活」為宗旨，提供精品風味

或許能遇見你正在找的那本書

SPBS本店 ‖神山町‖ エスビーピーエスほんてん

不僅有豐富的文學、紀實、文化、旅遊、美食等範圍寬廣的作品，獨特的採購視角也充滿魅力的「書籍選品店」。令人不覺流連忘返。

書・雜貨 ☎03-5465-0588 🏠渋谷区神山町17-3 テラス神山1F ⏰11:00～21:00（縮短營業中，可能會因活動等而有變動）休不定休 🚃澀谷站八公口步行12分 MAP附錄9 B-3

熙來攘往街道上的咖啡站

ABOUT LIFE COFFEE BREWERS ‖道玄坂‖ アバウトライフコーヒーブリュワーズ

這是位於中目黑與自由之丘地區的ONIBUS COFFE的系列咖啡店。特別強調咖啡本身的果香和個性。

咖啡站 ☎03-6809-0751 🏠渋谷区道玄坂1-19-8 ⏰9:00～18:00（週六・日、假日為11:00～）休無休 🚃澀谷站Avenue口步行4分 MAP附錄3 C-2

前壽司職人製作的三明治

CAMELBACK sandwich&espresso ‖神山町‖ キャメルバックサンドイッチアンドエスプレッソ

可以喝到咖啡師精心沖泡的濃厚拿鐵的咖啡站。夾有和風調味玉子燒的三明治頗受好評。

將玉子燒夾入熱狗麵包中的壽司店玉子三明治 550円

由咖啡師在5坪左右的小店內倒落沖泡的拿鐵550円～

咖啡站 ☎03-6407-0069 🏠渋谷区神山町42-2 ⏰8:00～18:00 休不定休 🚃澀谷站八公口步行15分 MAP附錄9 A-2

① 鹽奶油焦糖可麗餅飲料套餐1400円，搭配香草冰淇淋400円 ② 宛如身處法國咖啡館的氛圍

重現法國傳統的古早味

Galettoria ‖松濤‖ ガレットリア

讓人聯想到南法鄉間民宿的獨棟咖啡廳。可以品嘗到布列塔尼地區的鄉土料理和可麗餅。

蕎麥薄餅 ☎03-3467-7057 🏠渋谷区松濤1-26-1 ⏰11:30～19:00 休週二、三不定休 🚃京王井之頭線神泉站北口步行3分 MAP附錄9 B-4

帶著點心前往東京的綠洲
代代木公園

雖然有活力地走在熱鬧的街上很開心，
但天氣好的日子，到公園悠閒逛逛感覺也很舒服。
也很推薦到附近的店家買個點心，或是進行手作體驗。

春天的代代木公園中央廣場，染井吉野櫻的粉紅色與草坪的綠意極為漂亮

初夏的中央廣場與噴水池。新綠季節也讓人心情舒暢。
公園內隨處可見的花壇也非常療癒

盡情呼吸新鮮的空氣
代代木公園 よよぎこうえん

廣大的公園中盛開著櫻花、玫瑰以及繡球花等四季應時的花卉，大片草地的中央廣場上也有大小噴水池與水迴廊。從毗鄰的明治神宮森林借景而來的大自然，不禁讓人忘卻身處於都會之中。

1 噴水池旁也有長椅
2 可以躺在草坪上眺望藍天

公園 ☎03-3469-6081（代代木公園服務中心）☖渋谷区代々木神園町2-1 ⏰自由入園 🍴JR原宿站表參道口步行3分 MAP附錄9 B-1

挑選紙張後當場製作成冊
HININE NOTE
ハイナインノート

由印刷公司營運的訂製筆記本專賣店。可以自行選擇尺寸、內頁用紙和封面用紙的顏色和素材，當場製作原創的筆記本。製作時間1本約15分鐘。

筆記本 ☎03-6407-0819 ☖渋谷区上原1-3-5 SK代々木ビル1F ⏰12:00～19:30 休週二 🍴私小田急小田原線代々木八幡站步行5分 MAP附錄17 B-3

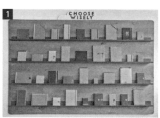

咚！咚！

1 店內陳列的樣品。價格依所選內容而異，1本1496円～ 2 等待工作人員製作的時間也是一種樂趣 3 從公園回家時可以順道前往

緑意盎然
的明治神宮

從原宿門去明治神宮

從代代木公園前往明治神宮 MAP 附錄3 C-2時，
建議從原宿門離開公園，走南參道前往社殿
的路線。

散步時的最佳伴侶

令人想試吃各種口感&味道

tecona bagel works
テコナベーグルワークス

貝果的麵團準備了富嚼勁的「むぎ
ゅむぎゅ」、有彈力的「もちも
ち」和較柔軟的「ふかふか」3種口
感。內餡的種類也很豐富，讓人猶
豫要選哪個也是種樂趣。

貝果 ☎03-6416-8122 🏠渋谷区富ヶ谷
1-51-12 代々木公園ハウスB102
🕐11:00〜18:30 休不定休 ‼️代代木
公園站1號出口即到 MAP附錄9 A-2

小而整潔的店內擺滿了現烤出
爐的貝果

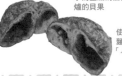

使用酵母做成有如
麵包柔軟口感的
「ふか」

「もち」是以自製
的天然酵母低溫
長時間發酵而成

以星野天然酵母
低溫熟成發酵而
成的「むぎゅ」

從餐點系到甜點系，經常備有50種左右的貝
果。1個180円〜

道地的葡式蛋塔

NATA de Cristiano
ナタデクリスチアノ

也很推薦作為
伴手禮

招牌的Pastel de Nata就
是葡式蛋塔的意思。將雞
蛋奶油倒入派皮中，和發
源地一樣以高溫烤爐烘烤
而成。外皮酥脆，內部的
奶油黏稠濃郁，讓人食指
大動。

Pastel de Nata 280円。原本是葡萄牙的
點心

蛋塔 ☎03-6804-9723
🏠渋谷区富ヶ谷1-14-16 スタ
ンフォードコート103
🕐10:00〜19:30 休無休
‼️代代木公園站1號出口
步行3分 MAP附錄9 A-2

有時也會售完，請
儘早前往，或先預
約比較保險

本日咖啡370円，
冰美式咖啡510円

來自挪威的名店

FUGLEN TOKYO
フグレントウキョウ

總店位於挪威的首都奧斯陸，
也是知名的咖啡城市。分別使
用愛樂壓與手沖方式 精心沖
泡的咖啡別具風味。外帶也
OK。

晚上為雞尾酒吧，提供酒
吧菜單

咖啡廳 ☎03-3481-0884 🏠渋谷区富ヶ谷1-16-11
🕐7:00〜翌1:00（18:00〜為雞尾酒吧，21:30〜只有酒
吧菜單，週一、二為7:00〜21:30） 休無休
‼️代代木公園站2號出口步行3分 MAP附錄9 A-2

日本第一個鳥類保護區就位於代代木公園。在園內散步時也可以遇見許多可愛的野鳥。

六本木是藝術街區
來接觸各種藝術吧

集合最前端文化的六本木特有的樂趣就是「藝術」。
來接觸日本的傳統之美以及最新的現代藝術，磨練感性吧。
欣賞作品後可以到美術館商店或咖啡廳享受餘韻。

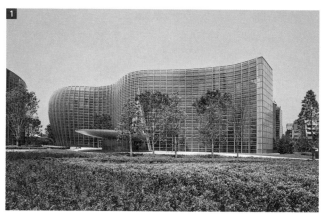

1 建築物嶄新的設計是六本木的象徵性存在
2 館內倒圓錐形的空間令人印象深刻。也有免費閱覽的藝術圖書室
3 也有能免費閱覽的藝術圖書室

照片提供：國立新美術館

號稱日本最大的展覽空間

國立新美術館 こくりつしんびじゅつかん

由黑川紀章設計的美術館，被波浪玻璃包覆的建築物本身也宛如一件藝術作品。除了12間展廳同時舉辦多場展示會以外，也會舉辦工作坊等活動。

☎050-5541-8600（代接專線）🏠港区六本木7-22-2 ⏰10:00～17:30（週五、六為～19:30）🈵週二（逢假日則翌平日休）💴免費入館（參觀費視展覽而異）🍴🅿直通乃木坂站6號出口 MAP附錄11 A-2

國立新美術館《イケムラレイコ 土と星 Our Planet》的展示風景（2019年）攝影：志摩大輔

咖啡廳 ✦ 2F

Salon de Thé Rond

位在倒圓錐形的上面，圓形（Rond）的咖啡廳。可以從店裡望見中庭以及綠意盎然的庭園。

☎03-5770-8162
⏰11:00～17:30
🈵週二（逢假日則翌日休）
蛋糕套餐1540日圓。可以感受藝術的華麗菜餚一應俱全

餐廳 ✦ 3F

Brasserie Paul Bocuse Le Musée

繼承Paul Bocuse的口味，可以輕鬆享用正統派的法國料理。與展示會相關的特別菜餚也引人注意。

☎03-5770-8161
⏰午餐11:00～16:00、晚餐16:00～19:30 🈵週二（逢假日則翌日休）

午間套餐2970円～。照片為鄉村風味鴨肉凍

商店 ✦ B1·1F

Souvenir from Tokyo

超越類型與風格的框架，選出日本國內外的藝術家作品，也有原創的商品。

☎03-6812-9933
⏰以國立新美術館為準

原創LOGO環保包2640円

利用「六本木藝術三角折扣」便宜周遊美術館

憑國立新美術館、森美術館、三得利美術館的任一館票根，可以在其他2館購票時享受折扣（國立新美術館可能有不適用的展覽）。

接觸「設計」樂趣的場所
21_21 DESIGN SIGHT トゥーワントゥーワンデザインサイト

由三宅一生創立，佐藤卓、深澤直人擔任總監的設計設施。以「用設計引出潛藏於日常中的可能性」為宗旨所創立的設計文化據點。

☎03-3475-2121 🏠港区赤坂9-7-6 東京中城中城花園 🕙10:00～18:30 🚫週二、換展期間 ¥視企劃展而異 🚇六本木站8號出口步行5分 MAP附錄11 B-1

PHOTO:
MASAYA
YOSHIMURA

1有巨大屋頂引人注意的建築物是安藤忠雄的設計 21樓是櫃檯以及入口 3有陽光灑落的地下1樓開放式中庭

商品

21_21 NANJA MONJA
トゥーワントゥーワンナンジャモンジャ

販售印有象徵LOGO和21_21 DESIGN SIGHT建築等圖案的原創商品。

🕙商店10:00～19:00
🚫週二、換展期間

21_21
筆記本
(MOLESKINE)
2530円

21_21酒杯90ml
660円

欣賞以日本美術為中心的真品之美
三得利美術館 サントリーびじゅつかん

以「生活中的美」為主題，收藏平安時代到江戶時代的繪畫、漆工、陶瓷等等，包含國寶、重要文化財約3000件作品。企劃展能實際接觸真品的美。

☎03-3479-8600 🏠港区赤坂9-7-4 東京中城GALLERIA3F 🕙10:00～17:30（週五、六為～19:30）🚫週二、換展期間 ¥視展覽而異 🚇直通六本木站8號出口 MAP附錄11 B-1

©木奧惠三

展示室位於3、4樓這2個樓層
©木奧惠三

世界的現代藝術在這裡集結
森美術館 もりびじゅつかん

是一家現代藝術美術館，舉辦講究設計意趣的企劃展。開館到很晚（除了週二以外），因此可以在購物或用餐後享受欣賞藝術的樂趣也很令人高興。

☎050-5541-8600（代接專線）🏠港区六本木6-10-1 六本木新城森大廈53F 🕙10:00～21:30（週二為～16:30）🚫無休、換展期間 ¥視展覽而異 🚇直通六本木站1C出口 MAP附錄11 A-3

內裝（中庭）
照片提供：森美術館

美術館商店一整個牆面的書架上塞滿了型錄和藝術相關書籍。也有展覽限定的原創商品。照片提供：森美術館

如果要周遊六本木的藝術景點，有「六本木藝術三角」地圖就很方便。可於六本木各處取得。

開心散步的街區／六本木是藝術街區

在麻布十番商店街巡訪老鋪

從江戶時代延續至今的老鋪店前，可以看見外國人往來的景象。
周邊也有許多大使館的麻布十番融合了下町風情與國際情調。
要不要來走走這條富有人情味又有些時髦的商店街呢。

在東京都中心的下町也有許多老鋪

麻布十番商店街

あざぶじゅうばんしょうてんがい

距離東京鐵塔與六本木新城都很近，也有大使館，國際色彩豐富；另一方面也保留寧靜氣氛的商店街。和菓子與蕎麥麵的老鋪深受當地人喜愛，試著周遊這些店家來感受東京都中心的下町風情吧。

商店街 ⏱休視店鋪而異 🚇麻布十番站4號出口步行3分 MAP 57

童謠《紅鞋子》的原型きみちゃん雕像

也去參拜青蛙的石像吧

上／面對正面的鳥居右邊深處供奉的青蛙石像 下／消災以及祈求生意興隆也很靈驗

平安歸來的御守在這裡

十番稻荷神社

じゅうばんいなりじんじゃ

據說江戶時代發生大火時，棲息在旗本宅邸池塘中的大青蛙把火滅了。與がま池傳說有關的便是十番稻荷神社。希望旅行或住院可以健康「回家」（音同青蛙）的青蛙御守500日圓很受歡迎。

神社 📞03-3583-6250 🏠港区麻布十番1-4-6 ⏱9:00～17:00 休無休 🚇麻布十番站7號出口即到 MAP 57

餡料多得令人開心的鯛魚燒

浪花家總本店 なにわやそうほんてん

已經營100年以上的鯛魚燒店，店名的由來是創立者為大阪（浪花）出身。香噴噴的外皮與炊煮滿滿日本產紅豆而成的餡料，若要品嘗美味，最好吃剛出爐的。請當場吃熱騰騰的鯛魚燒。

和菓子 📞03-3583-4975 🏠港区麻布十番1-8-14 ⏱11:00～19:00 休週二、第3週三 🚇麻布十番站7號出口即到 MAP 57

2樓也可吃到宇治金時白玉900円等甜點

連魚尾都有滿滿餡料的鯛魚燒200円，熱門到甚至要排隊

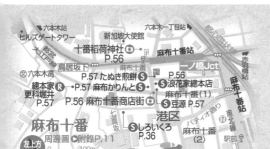

麻布十番
六本木站
ヒルズゲートタワー
新加坡大使館
六本木一丁目站
十番稲荷神社 P.56
麻布十番站
鳥居坂下
六本木高
P.57 たぬき煎餅 ⑤ P.56
總本家 ⑧ P.57 麻布かりんと ⑤ P.56 麻布十番(1)
更科堀井 P.56 麻布十番商店街 ⑤ 豆源 P.57
P.57
麻布十番
港区
⑤ しろいくろ
七番坂
P.36 麻布十番(2)
駅前
周邊圖 ●附錄P.11 白金高輪站
左上方 100m
為北方 1:10,000
步行3分

開心散步的街區／在麻布十番商店街巡訪老鋪

造訪充滿季節感的活動

麻布十番商店街會舉辦8月的麻布十番納涼祭、2月的節分，以及4月的花祭等活動。請配合季節的活動造訪當地吧。

跟狸貓一樣
被深受喜愛的煎餅

たぬき煎餅
たぬきせんべい

1包5種口味，8片裝的わらべ狸648円
（4包入）

昭和初期在淺草創業，戰後搬到麻布十番。直燒是老闆會在店面一片一片烤好，還有可享受煎餅與起司協調的風味，一口大小的たぬ吉等等，講究的煎餅也可當作令人開心的東京伴手禮。

和菓子 ☎03-3585-0501 ⌂港區麻布十番1-9-13 ⏰9:00～20:00（週六、假日為～18:00）㊡週日不定休 ‼️🚇麻布十番站7號出口即到 MAP 57

品嘗江戶人喜愛的蕎麥麵

總本家 更科堀井
そうほんけさらしなほりい

1789（寬政元）年創業的老鋪蕎麥店。招牌菜色是用蕎麥種子芯的粉打製而成的雪白更科蕎麥，以及把當季食材搓揉進更科蕎麥的季節更替蕎麥麵。清淡的甜味與香氣，入喉時的美妙滋味令人回味。

蕎麥麵 ☎03-3403-3401 ⌂港區元麻布3-11-4 ⏰11:30～20:30（中間會休息）㊡無休 ‼️🚇麻布十番站7號出口步行5分 MAP 57

雪白晶瑩的更科蕎麥麵搭配甜味的醬汁。1000円

炸得酥脆的塩おかき很美味

豆源 まめげん

1865（慶應元）年創業的豆菓子老鋪，提到麻布十番伴手禮，也有很多人會想到這裡。名產塩おかき是用高溫的米油以及麻油炸到酥脆，再迅速撒上塩。這家本店會在店面現場表演製作過程販售。

和菓子 ☎03-3583-0962 ⌂港區麻布十番1-8-12 ⏰10:00～18:30 ㊡週二不定休 🚇麻布十番站7號出口即到 MAP 57

上／也有剛炸好的商品
右／抹茶與三盆糖製作的高雅抹茶378円（左）、梅紫蘇風味的梅落花（右）324円

把傳統的和菓子
變得色彩繽紛

麻布かりんと
あざぶかりんと

有約50種口味、甜味，以及麵團硬度等多樣的花林糖。以經典的黑糖風味為首，還有葡萄乾、卡布奇諾等口味，變化相當豐富。包裝也很可愛，推薦當作禮物。

和菓子 ☎03-5785-5388 ⌂港區麻布十番1-7-9 ⏰11:00～18:00 ㊡第2週二 ‼️🚇麻布十番站7號出口即到 MAP 57

黑糖與黑芝麻的風味讓人欲罷不能的麻布花林糖432円

印有名畫的博物館鐵盒「夜晚露天咖啡座」1382円

1975（昭和50）年的流行歌曲《游吧！鯛魚燒》就是以浪花家総本店的鯛魚燒為原型。

漫遊瀏覽運河與藝術
天王洲水邊散步

感受舒暢的微風吹拂，在運河街道上享受散步之樂。
周邊隨處可見許多藝術品，
還有時尚的咖啡廳和餐廳等你來發現。

整個繞上一圈
5 小時
11 12
18
19 18
建議出遊的時段

T.Y.HARBOR、咖啡廳和SOHOLM的周邊，可以將BOND Street作為中心，來一趟藝術散步。附近也有懷舊的商店街，在新舊街道上享受逛街樂趣。

1 現代日本雕刻家三島喜美代的作品Work2012。突然出現的藝術品讓人驚喜不已 2 港南公園附近設置的是雕刻家伊藤誠的作品Tap 3 寬廣又開闊的T.Y.HARBOR店內

濃縮藝術的注目景點

路邊擺放的藝術品和在建築物上到處可見的大型壁畫等，讓整個街道上面都是表現藝術的景點。

4 運河沿岸設有寬廣的木棧道，許多人都會在此休憩和用餐
5 T.Y.HARBOR的露天座位很搶手，建議提早預約 6 點燈後的外觀也很值得一看

7 步行者專用的ふれあい橋也經常出現在媒體上。可以盡情欣賞由此看出去的景色 8 到處都有指示板，方便理解所在位置

集結現代藝術藝廊的TERRADA ART COMPLEX。可上官網了解展示情報

用人氣精釀啤酒乾杯

T.Y.HARBOR經常備有5種由附設的酒廠釀造的啤酒，以及1～3種當季的啤酒，請務必品嘗看看。

感受北歐的溫暖來享用美食

SOHOLM スーホルム

這是由居家飾品店ACTUS所營運的法式休閒餐廳。可以在綠意盎然的非日常空間中享用四季盛產的食材和自然派葡萄酒。

[餐廳] ☎03-5495-9475 ⚲品川区東品川2-1-3
⏰11:00～1400、17:00～21:00，週六・日・假日為11:00～20:00（下午茶時段有營業）[休]週三
⚐[私]臨海線天王洲島站B出口步行5分
[MAP]附錄2 D-3

木製桌椅營造出柔和氛圍

午間套餐是分量十足的主菜搭配沙拉和法國麵包1760円

使用講究食材製作的料理搭配自然派葡萄酒的絕妙組合

前方是精釀啤酒吧，後方則是座位區

店內的招牌菜T.Y.HARBOR漢堡，分量有170g，2200円～。厚實肉排征服你的味蕾

在美式風格環境下吃午餐

T.Y.HARBOR ティーワイハーバー

附設啤酒廠的精釀啤酒餐廳。可以和分量十足的美式餐點一起享用精釀啤酒。

[精釀啤酒餐廳] ☎03-5479-4555
⚲品川区東品川2-1-3 ⏰11:30～14:00、17:30～21:00（週六・日・假日為11:30～15:00、17:30～21:00）
[休]無休 ⚐臨海線天王洲島站B出口步行5分 [MAP]附錄2 D-3

外形可愛的蛋糕讓人看得入迷

Lily cakes リリーケイクス

以充滿玩心的創意所製作的甜點，外型非常精美。可以在內用區品嘗蛋糕和烘焙點心，相鄰的麵包店也有豐富的麵包可以選擇。

[法式糕點] ☎03-6629-5777 ⚲品川区東品川2-1-6 ⏰10:00～20:00 [休]無休 ⚐海線天王洲島站B出口步行5分 [MAP]附錄2 D-3

最受歡迎的草莓奶油蛋糕620円與咖啡550円

1季節水果塔650円 **2**以灰色為基調，充滿現代時尚氛圍

SOHOLM附設的居家飾品店SLOW HOUSE販售的是妝點生活的各式用品，從家具到雜貨應有盡有。

唯有銀座才能品嘗到的老鋪洋食

在名店集中的銀座，也有長年來深受大家喜愛，
一直維持傳統風味的洋食店。
來享受不管口味與氣氛都讓人大滿足，更高級的洋食吧。

■漂亮的蛋包飯3000円
■傳統滋味的法式清湯
1600円。有時也會供應
季節限定的冷式法式清湯

品嘗傳統風味

包入牛犢肉與火腿，番茄醬肉可樂餅3100円

座席配置寬敞，令人可悠閒放
鬆的餐廳

Menu

漢堡排‥3400円
牛肉燴飯‥3800円
雞肉飯‥2700円

※服務費另計

5樓的包廂保存
了代代相傳的美
麗彩繪玻璃

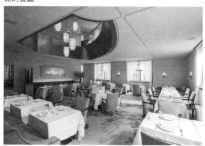

也有咖啡廳

SHISEIDO PARLOUR 銀座本店　SALON DE CAFÉ

しせいどうパーラーぎんざほんてんサロンドカフェ

可稱為銀座豪華甜點元祖的老鋪咖啡
廳。從創業延續至今的菜色到季節限定
商品都有，可以享受種類豐富的美食。

☎03-5537-6231 🏠中央区銀座8-8-3 東京
銀座資生堂大樓3F 🕐11:00～20:30（週
日、假日為～19:30），不可預約 🈺週一
（逢假日則營業）‼🅿銀座站A2出口步行
7分 🅼🅰🅿附錄7 B-2

■使用自製冰淇淋的
草莓聖代2200円～
■草莓三明治1900円
■古典雅緻的店內

象徵高尚銀座的店家

SHISEIDO PARLOUR 銀座本店

しせいどうパーラーぎんざほんてん

地處銀座8丁目的十字路口，位於東京
銀座資生堂大樓的老鋪餐廳。以「適合
白飯的洋食」為概念，是西洋料理的先
驅，提供代代繼承的口味與新的風味。

☎03-5537-6241 🏠中央区銀座8-8-3 東京
銀座資生堂大樓4·5F 🕐11:30～20:30 🈺
週一（逢假日則營業）‼🅿銀座站A2出口
步行7分 🅼🅰🅿附錄7 B-2

禮盒也很漂亮的「花椿餅乾」
從昭和初期持續製作到現在，代表SHISEIDO PARLOUR的烘焙點心。不管禮盒或餅乾都有資生堂的商標。24片裝1620日圓。

日本洋食界的創始店
煉瓦亭 れんがてい

據說有日本第一家洋食店之稱，是1895（明治28）年創業的老鋪。名產是有120年歷史的炸豬排。絕妙的油炸程度，以及酥脆的嚼勁令人食指大動。

☎03-3561-3882 🏠中央区銀座3-5-16 煉瓦亭大樓B1～3F
🕐11:15～14:00、17:30～20:00
㊡週日 🚇銀座站A9出口步行3分
MAP附錄6 D-2

Menu
元祖蛋包飯…2700円
元祖炸肉排三明治…3500円
焗烤通心粉…2500円

1可感受歷史的店內 **2**沾伍斯特醬享用的元祖炸豬排2800円。女性也可以一轉眼吃得精光

面對瓦斯燈通，有時代感的外觀。樓層從地下1樓到地上3樓

1燉菜可以從綜合、牛肉、牛舌、蔬菜這4種選一。附3道小菜、醬菜，以及白飯2950円（牛舌要＋1300円） **2**由倉庫改裝而成的店內 **3**白醬焗烤搭配滿滿的鮮蝦與香菇

Menu
焗烤（附3道小菜、醬菜、白飯）…2100円
燉菜焗烤迷你套餐（附3道小菜、醬菜、白飯）…4200円
※燉牛舌的價格為另點菜色＋1300円

燉菜與焗烤
專注2種菜色的店家
銀之塔 ぎんのとう

1955（昭和30）年創業以來，菜單似乎就只注重燉菜與焗烤而已。費時3天準備的法式多蜜醬汁做成自豪的燉牛肉，軟到用筷子就能切開肉。

☎03-3541-6395
🏠中央区銀座4-13-6
🕐11:30～19:30 ㊡無休
🚇東銀座站3號・5號出口即到
MAP附錄6 D-4

歷史悠久的街區／品嘗老鋪洋食

煉瓦亭的元祖炸肉排三明治為每日限量販售。使用的是銀座CENTRE THE BAKERY的吐司。

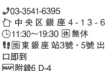

在銀座老鋪尋找文具當伴手禮

銀座有許多老鋪和名店，還有當地限定的商品。
從美麗的和風小物到最新設計的文具用品，
可以感受歷史與傳統的物品，很推薦當作伴手禮。

本館2樓的信紙專區。可以當場寫信投入郵筒中

捲筒式黏貼型横線便條紙

可以裁剪成喜歡長度的捲筒式便條紙1100円

馬卡龍橡皮擦

和實物一模一樣的馬卡龍造型橡皮擦660円

美味的魚筆記本

裡面還有魚料理的食譜。A5尺寸各495円，A6尺寸330円

My Mighty

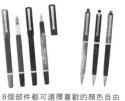

8個部件都可選擇喜歡的顏色自由組合的鋼筆11055円～，原子筆10373円～

Shupatto

原創的秒收折疊環保包S1210円，M2310円

7樓的一整個牆面陳列了各種顏色的紙張。數量超過了1000種

可以愉快打發時間的文具專賣店
銀座 伊東屋　本店
ぎんざいとうやほんてん

1904（明治37）年創業的文具專賣店，在2015年重新裝修。1～8樓各層樓陳列獨自挑選的商品。設計、機能性都很優秀的原創商品也很豐富。1樓附設飲料吧。

紅色迴紋針是 G.Itoya

黑色鋼筆是 K.Itoya

面向中央通的本館G.Itoya及馬路對面的別館K.Itoya。兩館都逛逛吧

工作人員的手作飲品

飲料吧「Drink」的新鮮檸檬水410円

文具　☎03-3561-8311　🏠中央区銀座2-7-15　🕙10:00～20:00（週日、假日為～19:00）　🈚無休　🍴📶銀座站A13出口步行3分　MAP附錄6 D-3

在伊東屋品嘗新鮮的蔬菜料理
位於12樓的咖啡廳，可以品嘗使用11樓的蔬菜
工廠培植的新鮮蔬菜製成的菜餚。請務必嘗
嘗銀座出產的蔬菜。

長久以來
都是藝術家的御用畫材店
月光莊畫材店
げっこうそうがざいてん

1917（大正6）年創業的老字號畫
材店。只販售原創商品，透過色彩
為美麗的生活提出建議。為日本第
一家製作油畫顏料的名店，很受到
專業畫家的青睞。

裝入紙筒中，方
便攜帶。1400円

色鉛筆

右手迴紋針

獨特造型也很
適合當作鈔票
夾。600円

月光莊COLOUR CONTE

可以在玻璃窗
上自由描繪、
擦除的畫材
2600円

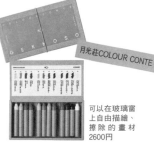

（畫材）☎03-3572-5605
⌂中央区銀座8-7-2 永寿ビ
ルB1・1F ⏰11:00〜18:00
（週六・日、假日為10:00
〜17:00），展示為〜19:00
㊡無休 🚇銀座站A2出口步
行7分 MAP附錄7 B-2

一整面牆都是月光莊原創的顏料

可以放入信封中使用的花朵造型文香1組
550円

傳承日本傳統文化的老舖
東京鳩居堂 銀座本店
とうきょうきゅうきょどうぎんざほんてん

1663（寬永3）年創業，是販售香、
和風文具、和紙製品的專賣店。除了
千代紙、明信片、一筆箋等以和紙製
成的原創商品外，還有許多可愛的和
風雜貨，最適合當成伴手禮。

圓鳩（キュー）筆記本

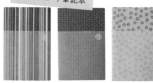

有各種日式圖案封面的A6尺寸筆記本。內頁
有空白、橫線、方格等3種。各429円

©東京鳩居堂 銀座本店

文香 花ふみか

鳩居堂復古便箋

店內陳列的美
麗和紙光是看
著就讓人驚嘆

可以當作一筆箋
使用的原創便箋
各385円

（和風雜貨・香）
☎03-3571-4429
⌂中央区銀座5-7-4
⏰11:00〜19:00
㊡無休 🚇銀座站A2出
口即到
MAP附錄7 C-2

「月光莊画材店」店內的試用區商品也很豐富。畫上後還能擦掉的COLOUR CONTE也可以自由試用。

在日本橋尋找當今台灣文化、老鋪滋味和傳統設計

日本橋是復古又嶄新的街區。從傳統老鋪、新銳商店，以及來自海外的店鋪等，不妨前往總是讓人有期待感的日本橋散步一下吧。

4有許多台灣的零食
5也有人氣的客家花布雜貨

感受「現今」台灣的景點
誠品生活日本橋
せいひんせいかつにほんばし

蒐集許多高質感商品，在台灣也極受當地人喜愛的人氣店。店內有許多台灣品牌的雜貨和食品、嚴選書籍等，可以感受到「現今」流行的台灣文化。

1登陸COREDO室町TERRACE 2樓的台灣文化 2傳播台灣豐富多樣的文化情報 3大同電鍋和各式食材等能感受台灣生活的商品也很豐富

復古可愛的世界觀

選品店 ☏03-6225-2871
🏠中央区日本橋室町3-2-1 COREDO室町TERRACE 2F
🕐11:00～20:00（部分店鋪不同 ）🈺以COREDO室町TERRACE為準 🚃直通三越前站A8出口 MAP附錄4 E-1

想品嘗時尚的台灣料理就要來這裡

品味時尚的台灣美食
富錦樹台菜香檳
フージンツリー

這是可以搭配香檳品嘗精緻的台灣創意料理的餐廳。跟台灣的本店一樣，都有蔚為話題的植栽藝術，可以享受和本店相同的氣氛。

台灣料理 ☏03-6262-5611 🕐11:00～22:00 MAP附錄4 E-1

1風格高尚的店內充滿開放感
2店內每一道料理都是為了搭配香檳而發想的

1

備受文人喜愛的洋食名店
たいめいけん

知名老饕的作家池波正太郎等多位名人均為座上賓，日本橋具有代表性的老鋪洋食店。1樓的菜色比較輕鬆隨性，2樓則可以品嘗較為正統的菜色。

1蒲公英蛋包飯1950円。雞肉飯上的歐姆蛋切開來後是美味的半熟蛋 2充滿復古時髦氛圍的店內

洋食 ☏03-3271-2464（預約專線）
🏠中央区日本橋室町1-8-6 🕐1樓為11:00～20:30（週日、假日為～19:00） ，2樓為11:30～14:00、17:00～20:00 🈺1樓為週一，2樓為週日、一及假日 🚃三越前站B6出口即到 MAP附錄4 E-1

顏色和外型都非常可愛的台式綠豆糕

誠品生活日本橋內的「郭元益」 MAP 附錄4
E-1，是在台灣創業超過150年的老鋪。經典商
品是傳統綠豆糕。

復古可愛的千代紙小物

榛原 はいばら

向世界不斷傳送日本紙文
化魅力的老字號和紙鋪。
不僅有傳統的和紙，也有
使用和紙製作的原創小
物。顏色和圖案都極為精
緻的和紙可以1張為單位進
行購買。

和紙小物 ☎03-3272-3801
⌂中央区日本橋2-7-1 東京日
本橋塔 ⏰10:00～18:30（週六
・日為～17:30）休假日 📍日
本橋站B6出口即到 MAP 附錄4
E-2

1 印有從幕末到大正時期圖案的千代紙小箱990円 **2** 人氣商品的小張蛇腹便
箋550円 **3** 以原創的千代紙為封面的榛原筆記本1540円

深受河岸職人喜愛的江戶甜點

榮太樓總本鋪 えいたろうそうほんぽ

作為江戶菓子元祖而廣為人知的
名店。至今仍遵守江戶傳統製法
做成的獨特三角形榮太樓飴「梅
ぼ志飴」，以及以薄皮包餡做成
圓形的名代金鍔，都是創業至今
的人氣商品。

糖果 ☎03-3271-7785
⌂中央区日本橋1-2-5
⏰10:00～18:00 休週
日、假日 📍日本橋站
B9出口即到
MAP 附錄4 E-1

由於帶有皺褶的三角形讓
江戶人聯想到梅乾而取名為
「梅ぼ志飴」。歷史悠久的
名稱也傳承至今

以復古鐵罐包裝，外觀非
常可愛的榮太樓飴「罐裝
梅ぼ志飴」475円

1 由大量紅豆餡與
冰淇淋組成的榮太
樓餡蜜芭菲715円
2 販賣區集合了榮太
樓的5個品牌。旁邊
也附設有茶室 **3** 由
職人一個個手工烘烤
的金鍔1個330円，也
可以在茶室享用

漫遊充滿下町風情的淺草
優雅散步&吃遍老鋪美食

周遊聚集歷史悠久建築物的淺草寺與名產街，
來感受江戶淺草的歷史與文化吧。
也有許多日本魅力滿載的和風雜貨、下町甜點的店家。

參拜歷史悠久的寺院

淺草寺 せんそうじ

東京都內最古老的寺院，創建於628（推古36）年，以「淺草觀音」之名廣受喜愛。除了雷門、五重塔之外，包含重要文化財的建築物等等，有許多值得一看之處。

寺院 📞03-3842-0181 🏠台東區淺草2-3-1 🕐6:00～17:00（10～3月為6:30～）休無休 ¥免費參拜 🚉淺草站6號出口步行5分 MAP67

鮮紅色的雷門是淺草的象徵

❶樓高約30m的本堂。鮮豔的朱漆非常漂亮 ❷高度約離地53m（只算塔約48.3m）的五重塔 ❸能夠淨身的長香爐前總是擠滿了人 ❹從日落到23:00左右，境內會點燈，呈現出不同於白天的莊嚴感

位於淺草寺的參道，下町伴手禮大集合

仲見世通 なかみせどおり

據說起源是江戶時代初期，在境內或參道擺攤的攤販，是日本最古老的商店街。從雷門延伸至淺草寺約250m的參道上，有和菓子、民間工藝品、伴手禮店等等，將近90家店鋪櫛比鱗次。

街道 🚉淺草站6號出口即到 MAP67

享受邊走邊吃的樂趣

柔軟口感頗受好評的吉備糰子5根400円

品嘗熱騰騰的美味

淺草きびだんご あづま
あさくさきびだんごあづま

吉備糰子 📞03-3843-0190
🕐9:30～19:00（售完打烊）休不定休 MAP67

邊走邊吃的經典商品

淺草ちょうちんもなか
あさくさちょうちんもなか

冰淇淋最中 📞03-3842-5060
🕐10:00～17:30（視季節而異）休不定休 MAP67

酥脆外皮與冰淇淋非常對味。1個400円

杯裝炸米菓（大）300円就能吃到

炸米菓與手烤煎餅的店

杵屋 きねや

米菓 📞03-3844-4550
🕐9:30～18:30 休無休 MAP67

（地圖標註文字）
江戸下町傳統工藝館
つくばエクスプレス淺草站
花やしき
台東区
P.66 京阪
花川戸(2)
まるごとにっぽん
天麩羅 中清P.67
西友 S
淺草ちょうちんもなか P.66
杵屋 S
P.66 仲見世通 ◎
P.67長屋 R
淺草雷門
雷門 ◎
草きびだんご あづま
P.66
雷門(1)
雷門(2)
淺草むぎとろ本店 R P.67
銀座線
壽(4) ◎ 淺草
墨田区
駒形橋
鰻 駒形 前川 本店 P.67
吾妻橋(1)
步行5分
藏前站

十足澎湃的大蝦天婦羅蕎麥麵

尾張屋 おわりや

富有嚼勁的二八蕎麥麵上放著大到超出碗公的巨大炸蝦天婦羅，這就是店內的招牌菜天婦羅蕎麥麵。也是作家永井荷風經常光顧而聞名的名店。

蕎麥麵 ☎03-3845-4500
🏠台東区淺草1-7-1 ⏰11:30～20:00
休週五(逢假日則前日休) 🚃淺草站3號出口步行5分 MAP 67

1 天婦羅蕎麥麵1900円。特地採購的麻油別具風味
2 2F也有和室座位

江戸時代創業的老鋪鰻魚店

鰻 駒形 前川 本店
うなぎこまがたまえかわほんてん

在江戸時代經營淡水魚批發店的初代店主所開設的鰻魚店。以嚴選素材和細心的事前處理吸引了眾多回頭客。創業以來不斷添加的祕傳醬汁也是美味關鍵。

鰻魚飯 ☎03-3841-6314 🏠台東区駒形2-1-29
⏰11:30～21:00 休無休 🚃淺草站A2出口即到
MAP 67

1 特選日本產鰻魚飯5900円～。據說池波正太郎也是常客 2 從座位區可以眺望隅田川和晴空塔

江戸前天婦羅的知名老店

天麩羅 中清 てんぷらなかせい

創業約150年的江戸前天婦羅店。放有芝蝦、青柳蛤、貝柱的巨大炸什錦「雷神揚げ」很受歡迎，許多客人都不遠千里而來品嘗。天丼也是人氣菜色。

天婦羅 ☎03-3841-4015 🏠台東区淺草1-39-13 ⏰11:30～14:00、17:00～21:00(週六・日、假日11:30～20:00) 休週二・第2、4週三 🚃淺草站1號出口步行5分 MAP 67

山藥料理與當季食材的饗宴

淺草むぎとろ本店
あさくさむぎとろほんてん

招牌菜為山藥麥飯的山藥懷石料理店。從江戸時代起就在駒形橋畔開業，每月更換的山藥會席料理及以當季食材製做的料理供來客大快朵頤。

山藥麥飯 ☎0120-36-1066 🏠台東区雷門2-2-4 ⏰11:00～15:00、17:00～21:00(週六・日、假日是11:00～21:00) 休無休 🚃淺草站4號出口步行3分 MAP 67

1 平日限定的十六々彩膳3850円。可以吃到16種山藥和山藥、麥飯 2 有著大型窗戶、寬廣明亮的店內

1 天丼2970円。巨大分量讓人驚訝
2 古色古香的木造建築外觀，風情十足

淺草還有許多保留了復古懷舊氣氛的咖啡廳、洋食店、甜品店等。

在淺草散步途中不妨順道前往
懷舊的洋食店與甜品店

淺草有許多創業超過100年的老店。
保留了懷舊氛圍的洋食店和復古口味的甜品店等，
有許多讓人想前往一探究竟的店家。不妨找出自己喜歡的店家吧！

1將為蛋包飯特製的奶油飯做成雞肉炒飯後，以蛋皮包裹的傳統形式。午間套餐的蛋包飯套餐有附沙拉和湯品1980円 **2**分量十足的蟹肉奶油可樂餅1980円 **3**1樓有桌位，2樓設有包廂

創業82年持續3代的老鋪洋食店

grill GRAND グリルグランド

充滿復古雅緻氛圍的洋食店。人氣蛋包飯有2種，一種是第2代店主發想的淋上番茄醬的正統口味，另一種則是第3代店主多蜜醬汁的口味。

洋食 📞03-3874-2351
🏠台東区浅草3-24-6
🕐11:30～13:45、17:00～20:30
🈺週日、一 🚋淺草站7號出口步行8分 MAP附錄12 C-1

可以吃到復古懷舊的洋食

YOSHIKAMI ヨシカミ

鋪有紅色格紋桌巾的店內充滿復古感。蛋包飯內的番茄醬炒飯特地使用了祕傳的牛排醬來提味。和半熟蛋一起呈現出絕妙的美味。

洋食 📞03-3841-1802 🏠台東区浅草1-41-4
🕐11:30～21:00 🈺週四 🚋淺草站A1出口步行3分
MAP附錄12 A-2

1肉塊入口即化的瞬間就是至高無上的幸福。燉牛肉3000円 **2**分量十足的蛋包飯1450円

1簡樸而醇厚的鬆餅600円 **2**辣味黃芥末美乃滋提味的火腿三明治600円與雞蛋三明治600円

品嘗懷舊古早味

COFFEE HATOYA こーひーハトヤ

開業超過90年，備受當地人和回頭客喜愛的咖啡廳。有許多代代相傳的料理，以雞蛋、火腿和手作美乃滋製作的簡樸三明治也非常美味。

咖啡廳 📞03-3841-1779 🏠台東区浅草1-23-8 🕐10:30～17:00 🈺週二 🚋淺草站A1出口步行3分
MAP附錄12 A-2

可以吃到自創口味的最中

「甘味 西山」有冰淇淋、白玉丸子、紅豆餡、糖漬杏桃與最中搭配在一起的「味あそび」100円，可以將自己喜歡的內餡與最中組合在一起享用。

1 俗樸卻能品嘗出黍米年糕和紅豆泥的滋味，讓人欲罷不能的粟善哉825円 2 淋上蜜享用的白玉冰淇淋餡蜜990円 3 最好在平日的上午前去

淺草寺門前的知名甜品老舖

梅園 淺草本店 うめぞのあさくさほんてん

創業於1854（安政元）年的甜品店。人氣商品為將搗成半搗的黍米年糕淋上溫熱紅豆泥的「粟善哉」。可在茶屋風格的店內享用。

甜品 📞03-3841-7580 🏠台東區淺草1-31-12 🕐10:00～17:00（茶屋為～16:30）、週六・日、假日為～18:00（茶屋為～17:30）🈺每月2次週三、不定休 🚉淺草站1號出口步行5分 🗺附錄12 B-2

傳承了鯛魚燒老店的滋味

淺草浪花家 あさくさなにわや

店內為日式摩登風格。在　是解饞的最佳良伴。酥脆薄皮裡填滿了風味柔和紅豆餡的元祖鯛魚燒，

甜品 📞03-3842-0988 🏠台東區淺草2-12-4 🕐11:00～19:00、（週六・日・假日為10:00～18:00）🈺週二、不定休 🚉淺草站A1出口步行10分 🗺附錄12 A-2

1 店內另一個人氣商品是刨冰。上面放有紅豆的朝燒刨冰1000円 2 鯛魚燒的內餡使用北海道的十勝紅豆 3 塗黑的外觀非常引人注目

1 放有抹茶冰淇淋的白玉冰淇淋善哉1050円。和紅豆泥非常速配，搭配冰淇淋吃起來超對味 2 淋上自製黑蜜享嘗的特製西山餡蜜1150円 3 店面現蒸的福福饅頭200円

以一顆顆精選的紅豆做成的自製內餡特別美味

甘味處 西山

かんみどころにしやま

充滿懷舊木作風格的店內。熬煮8個小時後再放置數天熟成的紅豆，特色是具有柔和的甜味。推薦品嘗裡面放有大量顆粒紅豆泥的白玉冰淇淋善哉。

甜品 📞03-5830-3145 🏠台東區雷門2-19-10 🕐12:00～18:00（週六・日、假日為～19:00）🈺週三（逢淺草有活動和假日則營業）🚉淺草站2號出口即到 🗺附錄12 B-3

在YOSHIKAMI建議可以點僅限平日提供的大分量午餐2000円。套餐包含2種人氣菜色，非常划算。

到上野看看
可愛的貓熊吧

光看就可以療癒心靈的動物們。
其中以上野動物園的貓熊力力與真真最有人氣。
也可以買到以貓熊為主題圖案的甜點當伴手禮。

因童謠而
廣為人知的指猴

出乎意料活潑的
鯨頭鸛

高個子的長頸鹿

1

2

3

123超受歡迎的大貓熊。力力（公）、
真真（母）和他們的小孩曉曉（公）、
蕾蕾（母）

個性豐富的動物們來迎接你
東京都恩賜上野動物園
とうきょうとおんしうえのどうぶつえん

1882（明治15）年開園的日本第一個動物園。可以看到
大貓熊、西部低地大猩猩、亞洲象等約300種共3000隻
動物。在東園有提供輕食的餐廳Saruyama Kitchen。

動物園 ☎03-3828-5171 ⌂台東區上野公園9-83 ⏰9:30～16:00
休週一（逢假日則翌日休）¥600円 🚇JR上野站公園口步行5分
MAP 附錄13 B-2

感情很好的
亞洲象

擅長游泳的
北極熊

照片提供：
(公財)東京動物園協會

西部低地大猩猩
Haoko（公）

在ecute上野YOU＋MORE！可以免費索取讓上野動物園逛起來更有樂趣的導覽書

取得園內的情報誌

只要活用有助於動物觀察的小冊子，以及能得知物寶寶誕生情報的《ZOO TODAY》，在觀察動物時就會更有樂趣。

上野有許多快樂的貓熊

YOU＋MORE！
(FELISSIMO YOU+MORE！)
竟然在那裡睡覺？懶洋洋貓熊的雨傘識別小物
1320円

重現在讓人意外的地方睡覺的貓熊造型雨傘識別小物

HANAGATAYA
舟和本店的手作貓熊球
2顆裝648円

可愛貓熊形狀的豆沙球。數量限定

遊 中川
貓熊布巾
550円

印有貓熊玩樂模樣的蚊帳織布巾

DOLCE FELICE
迷你磅蛋糕貓熊
6個裝1450円

有2塊可愛的貓熊巧克力磅蛋糕與水果磅蛋糕的禮盒

ANDERSEN
貓熊吐司
1條1037円

上野限定商品。不管怎麼切都會出現貓熊臉的迷你吐司

┤貓熊美食也很有人氣├

上野GREEN SALON
うえのグリーンサロン

位於上野站公園口旁，地點極佳的餐廳。店內到處都放了貓熊的布偶。以貓熊為主題的餐點，每樣都讓人垂涎欲滴。

（餐廳）📞03-3824-9931 🏠台東區上野公園7-47 ⏰10:00～18:30（冬季為～16:30）🛌週一不定休（逢假日則翌日休）🚃上野站公園口步行3分 MAP附錄13 C-3

可愛到讓人捨不得喝的貓熊拿鐵460円

Ⓐ **ecute上野**
エキュートうえの

📞03-5826-5600 🏠台東區上野7-1-1 ⏰8:00～22:00（週日、假日為～21:00）🛌無休 🚃上野站內 MAP附錄13 C-3

Ⓑ **atré上野**
アトレうえの

📞03-5826-5811 🏠台東區上野7-1-1 ⏰商店為10:00～21:00，餐廳及咖啡廳為11:00～22:30（※ANDERSEN為7:30～22:00，內用～20:30）🛌不定休 🚃上野站中央剪票口到到 MAP附錄13 C-3

在日本國內只有上野動物園有飼育並展示棲息於馬達加斯加島上的靈長類狐猴。

前往代表上野的三大博物館

有多家美術館與博物館聚集的上野，
以登錄於世界遺產的國立西洋美術館為始，還有東京國立博物館和
東京藝術大學大學美術館等，有許多值得觀賞的藝術品。

現代建築巨擘柯比意在日本唯一的作品。只用柱子支撐的1樓等，除了收藏品之外，建築物本身也是注目焦點

雷諾瓦《戴帽子的女人》
1891年 油畫 帆布
松方收藏

羅丹《沉思者（放大版）》1881～82年
（原型），1902～03年（放大），1926
年（鑄造）青銅 松方收藏
攝影：ⒸＣ上野則宏

名列世界遺產建築的美術館

國立西洋美術館

こくりつせいようびじゅつかん

作 為 法 國 建 築 大 師 柯 比 意（ L e
Corbusier）的建築資產之一而登錄為世
界文化遺產。館內收藏了雷諾瓦、莫
內、馬奈等畫家的貴重作品。

塞尚《蓬圖瓦茲的橋與堤防》
1881年 油畫 帆布

本館2樓的常設展示室。以松方收
藏為主，收藏了超過6000件作品

📞050-5541-8600（代接專線） 🏠台東區上野公園7-7 🕘9:30～17:00（週五・六為～
19:30）🈺週一（逢假日則翌平日休）💴500円（企劃展門票另計）
🍴🚉上野站公園口即到 🗺附錄13 C-3

照片提供：國立西洋美術館

菜色豐富的美術館輕食餐廳
位於國立西洋美術館內的「睡蓮咖啡廳」有推
出以柯比意建築為意象的午餐盤1900円。

照片提供:國立西洋美術館

©東京國立博物館

志野茶碗 銘 振袖美濃
安土桃山～江戸時代,
16～17世紀 出處:
ColBase (https://
colbase.nich.go.jp/)

日本與東洋的藝術館
東京國立博物館
とうきょうこくりつはくぶつかん

收藏品有日本的國寶、亞洲各地的
美術品,以及歷史資料等約12萬
件。由本館、平成館等6棟建築物所
構成,建築物本身就很值得一看。

重要文化財
色繪月梅圖茶壺
仁清 江戸時代,
17世紀

重要文化財 四季山水圖屏風(右隻)楊
月筆 室町時代,16世紀 出處:ColBase
(https://colbase.nich.go.jp/)

反烤蘋果塔佐新鮮水果
1078円

📞050-5541-8600(代接專線) 🏠台東區上野公園13-9
🕐9:30～16:30(視季節、展示內容而有變動) 🈺週一(逢
假日則翌平日休) 💴1000円(特別展門票另計)
🍴JR上野站公園口步行10分 MAP附錄13 C-2

Museum Shop

博物館商店
本館1F

由左至右:手帕1100円／
紙膠帶各396円

━ 小憩片刻……━
大倉飯店餐廳
ゆりの木
ホテルオークラレストラン ゆりのき
🏠東京國立博物館東洋館別館1F
🕐11:00～16:20(以博物館為準)
🈺週一(逢假日則翌平日休)

━ 小憩片刻……━
美術館咖啡廳

📞03-3824-5381 🏠台東區上野
公園12-8(東京藝術大學大學
美術館2樓) 🕐11:00～16:30
🈺以美術館休館日為準

有洋食和甜點

入口大廳連結展示廳的美麗螺旋梯也是看點之一

集結藝術及美術資料的大學美術館
東京藝術大學大學美術館
とうきょうげいじゅつだいがくだいがくびじゅつかん

包含國寶和重要文化財,蒐集了約3萬件
以日本近代美術為主的美術資料等的美術
館。也收藏了許多畢業生的作品和自畫
像。題材特殊的企劃展也很受歡迎。

📞050-5541-8600(代接專線) 🏠台東區上野公園
12-8 🕐10:00～16:30 🈺週一、換展期間 💴因展
覽而異 🍴JR上野站公園口步行10分 MAP附錄13 B-2

━ 不妨也繞到藝大藝術廣場看看 ━
校園內也設有能購買藝大生和
教職員作品及商品的藝廊商店。

📞050-5525-2102 🏠東京藝術大學美術
系內 🕐10:00～18:00 🈺週一・二(逢假
日則翌平日休)、換展期間

藝大徽章胸針全10種。
各1527円

藝大餅乾
1200円

1️⃣上村松園《序之舞》
1936年 重要文化財
※此非常設展示
2️⃣本館為已故的名譽
教授六角鬼丈所設計

藝大藝術廣場的藝廊為免費入場。企劃展的資訊會於官網上公布。

遇見懷念的風景
漫遊谷根千街區

谷中・根津・千駄木地區保留了令人懷念的昭和風景。
有許多寺院與歷史悠久的建築物，可以感受當時的情調。
在商店街也有溫暖的交流等著你。

整個繞上一圈

4 小時

建議出遊的時段

從車站出來後就去參拜
氣氛莊嚴的根津神社，再
到藝廊以及朝倉雕塑館
欣賞藝術後，往谷中銀座
逛一逛，並享受美味的點
心時間吧。途中說不定會
遇見當地的貓。

融合於下町的大正時期教會建築
根津教會
ねづきょうかい

建造於1919（大正8）
年的教堂，是國家的登
錄有形文化財。關東大
地震與東京大空襲皆倖
免於難而未燒毀，禮拜
堂還保留當時的設備。

教會 📞03-3821-6342
🏠文京區根津1-19-6
🕐外觀自由參觀
🚻🚇根津站1號出口步行4分
MAP 附錄13 A-2

復古的木造教堂。有牧
師在時可以參觀

特色是尖頂的
拱門型窗戶

有美麗朱漆門與鳥居的古老神社
根津神社 ねづじんじゃ

相傳是日本武尊所創建供人
祭祀的神社，號稱是現存的
江戶神社建築中最大規模
者。境內有7樣國家重要文化
財值得一看。

神社 📞03-3822-0753
🏠文京區根津1-28-9 🕐6:00〜17:00
（夏季為5:00〜18:00）
🈚無休 ¥免費參拜 🚻🚇根津站
1號出口步行5分
MAP 附錄13 A-2

相連至乙女稻荷
神社社殿的壯觀
千本鳥居

架設在重要文化財的樓門前的神橋

廣大的谷中靈園有許
多知名人士長眠於此
MAP 附錄13 B-1

實心瓦屋頂的外觀也是一大亮點

原本是公共澡堂的現代藝術藝廊
SCAI THE BATHHOUSE スカイザバスハウス

由澡堂改裝而成的藝廊。保留外觀和鞋架等原始
模樣，形成獨特的空間。可以免費欣賞日本國內
外新銳作家的作品。

藝廊 📞03-3821-1144 🏠台東區谷中6-1-23
🕐1200〜1800 🈚週日・一、假日、換展期間 ¥免費 🚻🚉日
暮里站南口步行6分 MAP 附錄13 B-2

工作室主要展示
青銅像的作品

1 **2**

1別忘了入館必須
穿襪子 **2**不僅館
內，中庭也有許多地
方值得一看

也有許多以貓為
主題圖案的作品

鑑賞歷史建築與近代雕刻
朝倉雕塑館 あさくらちょうそかん

公開展示活躍於明治〜昭
和的日本近代雕刻大師，
朝倉文夫的工作室兼住家
以及作品。建築物已登錄
為國家的有形文化財。

美術館 📞03-3821-4549
🏠台東區谷中7-18-10
🕐9:30〜16:00 🈚週一・四（逢假日
則翌日休）、換展期間等
¥500円 🚻🚉日暮里站西口步行5分
MAP 附錄13 B-1

根津神社的杜鵑花季

每年4月會舉辦「文京杜鵑花季」。境內的杜鵑花苑種植了3000株的杜鵑花，五彩繽紛百花綻放。

谷中銀座與其周邊
やなかぎんざとそのしゅうへん

從知名的階梯俯視街區

谷中銀座有約70家歷史悠久的商店比鄰而立。在附近購物的客人與觀光客的人潮很熱鬧。穿過商店街到末端的夕陽階梯，是可以瞭望落日餘暉與街區風景的景點。

🚉 JR日暮里站西口步行5分 MAP附錄13 B-1

■有各種店家的谷中銀座
②谷中的知名景點是貓兒們聚集的地方

發現！

甜度與口感都剛好的「貓尾巴」

やなかしっぽや 谷中本店 やなかしっぽやややなかほんてん

這是做成貓尾形的棒狀甜甜圈。店內經常備有超過15種口味。

🍩 烤甜甜圈 📞03-3822-9517
🏠台東區谷中3-11-12 🕙10:00～18:00（週六・日・假日為～19:00）
🈺週二 🚉JR日暮里站西口步行5分 MAP附錄13 B-1

斑點貓150円。原味麵團加上巧克力脆片的口感讓人欲罷不能

100%純牛肉，肉汁滿滿的炸肉餅

肉のすずき にくのすずき

由當地人喜愛的和牛精肉店所製作的炸肉餅，非常美味。

🍖 炸肉餅 📞03-3821-4526
🏠台東區谷中3-9-15 🕙10:30～18:00（炸物售完即打烊）🈺週一・二 🚉JR日暮里站西口步行5分 MAP附錄13 B-1

元氣炸肉餅1個280円

翻新後保留了復古氣息的設施

HAGISO ハギソウ

■以什麼都不加也非常好喝的咖啡豆調合而成。帶有果實芳香的HAGISO原創調合咖啡630円 ②展示空間可以舉辦各領域的企劃展示 ③呈現悠閒輕鬆氛圍的咖啡廳

原為屋齡68年的木造公寓，在學生和藝術家的巧手下重新翻修而成的文化複合設施。有藝廊、咖啡館和美體沙龍等，也附設了旅館。

🏢 複合設施 📞03-5832-9808 🏠台東區谷中3-10-25 🕙8:00～10:30、12:00～17:00（週六・日、假日為～20:00）🈺週一 🚉地千馱木站2號出口步行5分 MAP附錄13 B-1

全年都要排隊的輕飄飄刨冰

ひみつ堂 ひみつどう

採用日光的天然冰製造廠產的天然冰，以傳統的手動式刨冰方式製成的輕飄飄刨冰人氣頗高。4～10月只賣刨冰，每日更換的菜單也很豐富；冬季也準備了自製的焗烤等料理。

🍧 刨冰 📞03-3824-4132 🏠台東區谷中3-11-18 🕙10:00左右到～18:00左右（視季節而有變動）🈺週一（10～6月為週一・二休）🚉JR日暮里站西口步行5分 MAP附錄13 B-1

紅色的門給人小巧可愛的印象

有滿滿自製糖漿的ひみつの草莓牛奶冰1500円

最近也很受外國觀光客喜愛的谷根千。在谷中銀座和小巷裡都能看到熱鬧豐富的國際色彩。

在集結了好味道、好東西的谷根千
尋訪個性派咖啡店與雜貨店

混合了復古與摩登氛圍，街道風情十足的谷根千地區。
從咖啡廳到雜貨店，有許多精緻的店家。
不妨在巷弄裡散步，尋找好東西、好味道吧。

可頌麵包
1個380円

販售麵包與甜點的商店「Think」。瑪德蓮蛋
糕1個230円～

原創啤酒很受歡迎的
「谷中啤酒館」

原為古民家，
充滿個性的複合設施

上野櫻木あたり
うえのさくらぎあたり

將建於1938（昭和13）年
的3間古民家改建而成的交
流空間。在充滿復古氛圍
的會館內有啤酒館、麵包
店、選品店等，隨時都會
舉辦活動。

複合設施 ♪視店舖而異
🏠台東区上野桜木2-15-6あたり
🕐困視店鋪而異
‼️JR日暮里站南口步行10分
MAP附錄13 B-1

鹽與橄欖油的專賣店「おしお
りーぶ」

保留了美好古早氛圍，充滿
個性的地方

×·×

讓生活更有樂趣的
概念商店

CIBI Tokyo Store チビトウキョウストア

除了提供營養豐富又均衡的早餐、午餐、甜
點之外，也有販售原創商品及豐富生活的商
品。

咖啡廳・雜貨店 ☎03-5834-8045 🏠文京区千駄木
3-37-11 🕐8:30～16:30（週六・日・假日為8:00～
17:30，早餐為～11:30，午餐為11:30～15:30）困無
休 ‼️地千駄木站1號出口步行3分 MAP附錄13 A-1

媽媽炒蛋 搭配自製天然酵母麵包與沙
拉1408円

也是當地人的休憩場所

有許多對身體
有益的餐點

CIBI

清爽的藍色
LOGO就是標誌

因為道路蜿蜒而稱為「蛇道」

從千駄木連綿至谷中，彎彎曲曲的道路。路上散布著有個性又時尚的店家，是散步起來很開心的街道。**MAP**附錄13 A-1

也有海綿喔！

1 有許多流行設計的商品
2 龜之子海綿各374円，龜之子沐浴851円
3 也有印有烏龜的生活雜貨

由老店經營的可愛棕刷專賣店
龜之子束子 谷中店
かめのこたわしやなかてん

「龜之子束子 西尾商店」的特產直銷商店。店裡的商品從傳統棕刷到適合現代廚房的時尚款都有，成排展示各式種類。也有能品嘗輕食的咖啡廳。

(棕刷) ☎03-5842-1907 🏠文京区根津2-19-8 SENTO大樓1樓A ⏰11:00~18:00 休週一（逢假日則翌日休）
🚃根津站1號出口即到
MAP附錄13 A-2

自製紅豆泥頗受好評的老牌甜品店
甘味處 芋甚
かんみどころいもじん

創業至今110年不變的口味，除了有使用自製紅豆泥的餡蜜和善哉等日式甜點之外，也有使用自製冰淇淋的巧克力聖代等，提供各式各樣的甜點。

寫有「あんみつ」的暖簾和屋簷下的木頭看板風情十足

(甜品) ☎03-3821-5530 🏠文京区根津2-30-4 ⏰11:00~18:00 休週一（10~3月為週一、二）
🚃根津站1號出口步行5分
MAP附錄13 A-2

巧克力聖代430円

冰淇淋餡蜜580円

充滿溫暖，能讓人悠閒放鬆的店內

讓人不禁想拍照的涼爽藍色世界
喫茶 Nikai きっさニカイ

充滿懷舊氛圍，並加入了次文化要素的店內，可以品嘗到許多視覺上也很時髦的飲品和甜點。

(咖啡廳) ☎03-5834-2922
🏠台東区谷中6-3-8 2F
⏰11:00~18:00 休週三
🚃日暮里站南口步行7分
MAP附錄13 B-1

1 ニカイ的法式吐司（濃縮咖啡香草冰淇淋）990円 2 店內裝飾有獨特的家飾雜貨和藝術作品

ニカイ的冰淇淋蘇打&果凍套餐1045円

「喫茶 ニカイ」的1樓是由相同老闆開設的器皿雜貨店「kokonn」。店內陳列者許多美麗的器皿，宛如藝廊一般。

刺激感官的手工藝街區
周遊藏前的私房景點

藏前是引人注目的手工藝街區，
有許多可以遇見優質手工藝產品的地方。
下面列出令人想一去再去的店家。

氣氛沉穩的店內。一整個牆面都陳列了文具

可以體驗製作筆記本

封面有設計師的作品、期間限定款、皮革、棉質等，經常備有約60種可供選擇

內頁用紙可以配合筆記用具來選擇。選好後就進行裝訂

完成原創筆記本

裝訂所需時間為20～60分。只限週六・日、假日可預約。平均價格為3500円

讓書寫變得有趣的文具店

Kakimori カキモリ

以「享受書寫的樂趣」為主題，可以從各式各樣的紙張和封面中選擇喜歡的，訂製組合成原創筆記本。精選的文具和鋼筆等筆記用具也很豐富。

1時尚的外觀 2原創品牌的顏料墨水的2750円

筆記用具 ☎050-3529-6390 台東区三筋1-6-2 12:00～18:00（週六・日、假日為11:00～） 休週一（逢假日則營業） 地藏前站A1出口步行8分 MAP附錄14 A-1

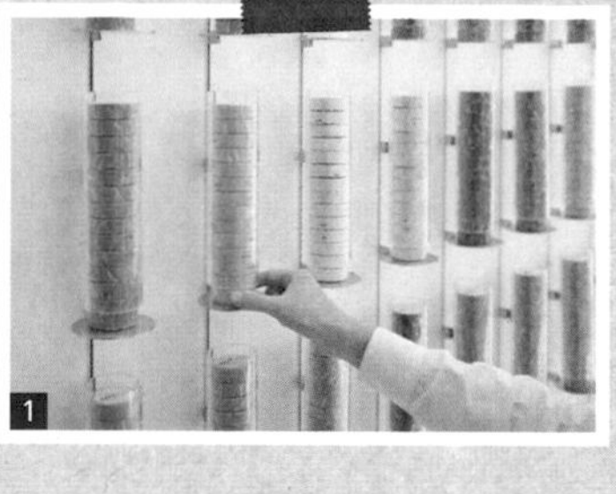

1一整個牆面擺滿了紙膠帶，可以尋找自己喜歡的款式 2店頭有設置紙膠帶的扭蛋機

有限定商品，也可秤重販賣

mt lab. エムティラボ

紙膠帶品牌「mt」的街邊店。以實驗室為意象的店內，展示了超過300種的紙膠帶，也會定期更換，舉辦企劃展。讓紙膠帶迷心潮澎湃的空間。

紙膠帶 ☎080-1649-7715 台東区寿3-14-5 10:00～12:00、13:00～19:00 休無休 地藏前站A5出口即到 MAP附錄12 A-4

如果喜歡手作就去淺草橋批發商店街
淺草橋周邊是玩具、玩偶及煙火批發的繁榮商店街。最近又加上串珠及手工藝品店，也吸引不少喜歡手作的人造訪。

由隈研吾設計的輕食咖啡館

KAWA KITCHEN カワキッチン

讓各種飲食文化的人齊聚一堂享用美食的場所為目標所開設的輕食咖啡館。也有蔬食、純素、無麩質等等各種菜色。

咖啡館 ☎050-8884-9950 ⌂台東區藏前2-10-11 ⏰11:00~17:30（週五為~20:00，週六為10:00~20:00，週日為10:00~）🈺週一、二 🍴🈁藏前站A7出口步行3分 **MAP**附錄14 B-1

炸鷹嘴豆餅的佛陀碗1980円與充滿辛香料香氣的黃金拿鐵990円

原味生銅鑼燒與季節限定的草莓＆酒粕鮮奶油銅鑼燒各880円

店頭前方就是緩緩流過的隅田川

牆上有市丸女士的親手簽名

天氣好的話會開放的2樓露天座位區，是眺望隅田川的舒適空間

充滿復古氛圍的藝廊

lucite gallery ルーサイトギャラリー

這是將代表昭和時代的藝伎歌手市丸女士的宅邸改裝而成的藝廊。配合展覽而將咖啡廳設在2樓。屋內展示了江戶和明治時代的古董家具，也有販售展示的工藝品。

店內的抹茶套餐1200円

藝廊 ☎03-5833-0936 ⌂台東區柳橋1-28-8 ⏰視活動而異（請上官網確認）🈺不定休 💴視展覽而異 🚉淺草橋站東口步行5分 **MAP**附錄14 B-2

有許多讓人想長久使用的商品。後方的工作室也會開設草木染的工作坊

由左至右／二重羽衣圍巾14300円，迷你托特包11440円

色調絢麗的帆布包

有許多讓人想長久愛用的商品

MAITO ／真糸
マイト

草木染針織品牌的工作室兼商店。店內陳列了設計簡樸、色調柔和的服飾和包包。天然素材特有的絕佳膚觸充滿了魅力。

草木染 ☎03-3863-1128 ⌂台東區藏前4-20-12 クラマエビル1F ⏰11:30~18:30 🈺週一 🍴🈁藏前站A0出口即到 **MAP**附錄14 B-1

---

lucite gallery也會舉辦「茶道教室」、「漆藝教室」和「投入花藝教室」。

開心散步的街區／藏前的私房景點

在清澄白河悠閒散步
尋訪高質感藝術和充滿個性的商店

作為咖啡廳與藝術之街，有許多人都會造訪的清澄白河，
有許多充滿魅力的店家。來享受一場
尋找妝點日常的藝術、雜貨和餐點的散步之旅吧。

鑑賞現代美術
東京都現代美術館
とうきょうとげんだいびじゅつかん

以現代美術為中心，舉辦橫跨各個領域、
主題廣泛的各式展覽會。館內有日本最大
的美術圖書室和咖啡廳＆交誼廳、美術館
商店等。

美術館 ☎050-5541-8600（代接專線）
🏠江東区三好4-1-1 🕙10:00～17:30 休週一
（逢假日則翌平日休）、換展期間
¥視展覽而異
🍴🚇清澄白河站B2出口步行9分
MAP附錄14 C-3

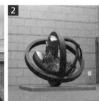

Photo:Kenta Hasegawa

1充滿藝術氣息的外觀 2收藏展示廳的入口有雕塑家Arnaldo Pomodoro的作品《Gyroscope of the Sun》（1988年）
3主題為面朝公園和街道開放的美術館

╲ 美術館商店 ╱
NADiff contemporary
ナディッフコンテンポラリー
販售由藝術家、創作者所製作的
各式獨特商品。

印有美術館LOGO的壓
克力鑰匙圈990円

店內擺滿了
藝術書籍和
相關商品

小憩片刻……
二階のsandwich
にかいのサンドイッチ
可以品嘗到由餐廳主廚監修
的三明治和原創飲品。

照片提供：Soup Stock Tokyo

夾有起司和蜂蜜的自製烤豬肉
三明治680円

1店內整齊陳列了顏色鮮豔的餐類和雜貨
2插畫家小池葉月的品牌「Sotlight」的海報＋相框5830円
34有許多能妝點餐桌的餐具，很適合在日常使用

店內有許多原創的陶器
POTPURRI ポトペリー

在岐阜縣窯場修業的老闆所創立的
「POTPURRI」品牌直營店。陳列了許
多融合日本燒窯技術和北歐溫暖設計的商
品。

器皿・雜貨 ☎03-5875-8935 🏠江東区白河2-1-2
🕙11:00～19:00 休週一（逢假日則平日休）
🍴🚇清澄白河站B1出
口步行3分
MAP附錄14 B-3

老闆手作的美麗綠色
磁磚就是標記

早餐就吃純素湯品
CLANN有提供純素甜點品牌GUGGA監製的湯品菜單。

專賣生機甜點的烘焙坊
POSH ポッシュ

以白色為基調，清爽整潔的店內。展示櫃裡陳列了在48度以下的低溫製作而成、色彩鮮豔又美麗的當季水果塔。

咖啡廳 　✆無　🏠江東區常盤1-3-7 ラフィーヴィル清澄白河EAST 1F ⏰10:00～19:00 休週一（逢假日則平日休）🍴🚇清澄白河站A1出口步行6分 MAP附錄14 A-3

外觀是整潔的白色牆壁

❶咖啡拿鐵580円，冰紅茶600円～ ❷也可以品嘗到系列店烘焙而成的高品質咖啡 ❸使用當季水果製成的生機水果塔，芒果塔2500円與草莓塔1800円

❶有各種大小和形狀 ❷也可以活用在室內擺設上

店內陳列了500件理化玻璃製品。也有使用燒杯沖泡的咖啡用具

將實驗器具作為家飾擺設品
RIKASHITSU リカシツ

理化玻璃大廠的特產直銷商店，店內陳列了理科實驗常見的燒杯和燒瓶等。

可將這些用具作為日常生活的擺設品和雜貨用品。

雜貨 　✆03-3641-8891　🏠江東區平野1-9-7 フカダソウ102 ⏰13:00～17:00 休週一～三（請上官網休假日月曆確認）🍴🚇清澄白河站A3出口步行5分 MAP附錄14 B-4

一整天都能盡情享受豐富的餐點
CLANN BY THE RIVER クランバイザリバー

都內首屈一指的河畔咖啡館，建於河畔的露台讓人心情舒暢。也可以享用精品咖啡和在附設酒廠製造的精釀啤酒。

餐廳 　✆050-3188-8919　🏠江東區清澄1-1-7 LYURO東京清澄 by THE SHARE HOTELS ⏰7:00～21:00 休不定休 🍴🚇清澄白河站A3出口步行10分 MAP附錄14 A-3

❶可以在沿岸的露台享受舒暢愉快的用餐時間 ❷能品嘗到酒廠現做的啤酒

RIKASHITSU每個月都會使用原創的蒸餾器具開設蒸餾工作坊（請上官網工作坊 進行確認）。

開心散步的街區／感受藝術的清澄白河散步

巡訪清澄白河的
正統派咖啡館

有許多烘豆坊咖啡館和咖啡座的清澄白河，
也是在日本興起第三波咖啡浪潮的起源地。
一起來品味時尚的最新咖啡文化吧！

1 季節水果塔各
1020円，會依季節改
變使用的水果
2 和甜點師團隊
「Tangentes」共同開
發的咖啡芭菲891円
3 咖啡拿鐵778円

空間寬闊的咖啡館
BLUE BOTTLE COFFEE
清澄白河 旗艦店

ブルーボトルコーヒーきよすみしらかわフラッグシップカフェ

這是藍瓶咖啡的日本1號店重新改裝後的旗艦店。
將原本的烘豆坊加以改裝，大幅增加了座位數。讓
人想要在此悠閒地享用店鋪限定甜點搭配咖啡。

📞未公開 🏠江東區平野1-4-8
🕐8:00～19:00 🈳 無休
🍴🚇清澄白河站A3出口步行7分
MAP 附錄14 B-4

4 將單品咖啡豆精心手沖而成
的咖啡 **5** 鬆餅盤831円～。有2
種口味

1 使用100%天然的水果酵母來
進行麵包的發酵 **2** 有開放式廚
房的店內 **3** 雞肉酪梨三明治759
円與韻列B咖啡561円。正統風
味令人大大滿足

水果
三明治

有麵包工房與
烘豆坊的咖啡館
B²

ピースクエアード

天花板挑高且開闊的店內有咖啡烘豆坊和麵包工房，
充滿了讓人食慾大開的香氣。店頭陳列了超過50種現
烤出爐的法國麵包和鹹麵包等，可以在店內品嘗現烤
的美味。

📞03-6240-3006 🏠江東區深川1-
9-10 🕐9:00～18:00（咖啡 為 ～
17:30) 🈳無休 🍴🚇清澄白河站A3
出口步行10分 MAP附錄14 B-4

清澄白河旗艦店限定的布丁
藍瓶咖啡的布丁為清澄白河旗艦店限定的甜點。質地較為紮實且香醇濃郁，搭配咖啡非常對味。

講究能讓人感受到甜味的烘豆方式
Allpress Espresso Tokyo Roastery & Cafe
オールプレスエスプレッソトウキョウロースタリーアンドカフェ

發源於紐西蘭的烘豆坊咖啡館，將位於住宅街中的大型木造倉庫加以細心改建而成。在保留了溫度的同時也兼具開放感，能讓人品味如同身處國外的氣氛。

☎03-5875-9131 介江東区平野3-7-2
🕘9:00～17:00（週六・日・假日為10:00～18:00）
休無休 🚇清澄白河站A3出口步行10分 MAP附錄14 C-4

1也有許多會順道前來的常客 2圓潤芳醇的馥列白咖啡490円

34集結了許多咖啡迷的店內 5可以品嘗到正宗口味的馥列白咖啡和長黑咖啡

1簡單又時尚的店面開放感十足 2櫃檯陳列了許多適合搭配咖啡的烘焙糕點和麵包 34使用高品質咖啡豆，由咖啡師一杯一杯精心沖泡而成

傳播正宗的咖啡館文化
iki ESPRESSO
イキエスプレッソ

有自家烘焙的濃縮咖啡飲品和精心製作的各式餐點。隨處都能感受到在紐西蘭學藝的老闆的講究之處，讓人想在此悠閒地度過時光。

☎03-6659-4654 介江東区常盤2-2-12
🕘8:00～16:00（飲品～17:00），週六・日・假日為～17:00（飲品～18:00）休無休
🚇清澄白河站A1出口步行5分 MAP附錄14 A-3

清澄白河周邊有越來越多咖啡豆烘焙坊和精品咖啡館。散步時不妨順便找找喜歡的店家。

漫步於充滿下町風情的 水天宮與人形町

雖然位於市中心，卻保留了古色古香街道的水天宮與人形町地區。
在散步時總能遇見讓人放鬆的風景和美味。
在樸實無華、熟悉的街頭散步看看吧。

保佑求子和安產 位於日本橋的神社

水天宮 すいてんぐう

創建於1818（文正元）年。據說曾有孕婦在緣日當天將社殿的鈴繩當作腹帶綁於腰上祈求安產，最後果然平安順產，也因此靈驗名聲響遍日本全國。以狗為主題的可愛授與品非常受到喜愛。

2016年改建的新社殿。有不同季節的特別限定御朱印

（神社） 📞03-3666-7195
🏠中央区日本橋蛎殻町2-4-1 🕖7:00～18:00（神札所為8:00～）🈳無休 🈯免費參拜 🚃水天宮前站5號出口即到 MAP附錄4 F-1

據說能保佑小孩健康成長的「子寶犬」

祈願能學到蔭佑（籠）

頭上戴著竹籠的福犬大2000円，小1500円

畫有福犬的結福繪馬1000円。還有另外2種繪馬

許多人前往祈願

都內首屈一指的強運除厄之神

小網神社 こあみじんじゃ

神社境內總是擠滿了祈求強運、除厄和財運的參拜客。也有以龍、貓頭鷹和烏龜等為主題的開運授與品。

（神社） 📞03-3668-1080 🏠中央区日本橋小網町16-23 🕖境內自由（社務所為9:00～17:00）🈳無休 🈯免費參拜 🚃人形町站A2出口步行3分 MAP附錄4 F-1

社殿前方還有能提升財運的「錢洗井」

優雅洗鍊的巴黎精神

PAPIER TIGRE パピエティグル

發源於巴黎瑪黑區的文具店。世界2號店就設在東京。用色和設計都極為高雅，光是拿在手上就讓人心情雀躍。也有陳列與日本品牌合作的聯名商品。

（文具·咖啡廳） 📞03-6875-0431 🏠中央区日本橋浜町3-10-4 🕖12:00～19:00 🈳週一、二（逢假日則營業）🚃水天宮前站5號出口步行5分 MAP附錄2 D-2

上：降低了可愛感與色調的成熟設計充滿了巴黎風情
下：店頭的老虎看板就是標記

原創商品也很受歡迎。托特包1650円

也很適合做為伴手禮的TIGRE MINI小包1980円

「最佳拍檔」的由來是？
sandwich parlour MATSUMURA的「最佳拍檔」是在厚吐司塗上極為對味的自製花生醬與紅豆泥，而得此名。

創業超過100年的老鋪
sandwich parlour MATSUMURA
サンドウィッチパーラー まつむら

維繫從大正時代至今不變的老味道的麵包店。店內經常陳列超過100種以上的麵包，從傳統麵包到以可頌麵團包裹長崎蛋糕的「可頌蛋糕」等獨特商品應有盡有。

約在50年前就誕生的最佳拍檔180円與咖啡240円

1充滿復古懷舊氛圍的店內 2也有販售吐司 3迷你三明治360円，有火腿、雞蛋、小黃瓜、海苔起司和水果三明治等5種口味360円

麵包 ☎03-3666-3424
⌂中央区日本橋人形町1-14-4
🕐7:00～18:00 週六・日、假日
‼️🚇水天宮前站8號出口即到
MAP 附錄4 F-1

在橫丁入口處有看板，裡面有東京鯛魚燒御三家之一的柳屋鯛魚燒等充滿魅力的老鋪林立著

老鋪櫛比鱗次的下町散步道
甘酒橫丁
あまざけよこちょう

據說是因為在橫丁路口有家甘酒店而得此名，是充滿了下町風情的古早商店街。從人形町站到明治座長約400m。裡面有許多甜品店、飲食店、雜貨店等，在此散步也別有樂趣。MAP 附錄4 F-1

以生動的表情為特徵的人形燒
重盛永信堂 しげもりえいしんどう

以七福神的臉為造型的人形燒1個140円。在極薄的餅皮中填滿了紅豆餡

1917（大正6）年創業的老鋪和菓子店。使用北海道十勝產的紅豆做成一口大小的人形燒，是每天熱賣超過3000個的人氣商品。

人形燒 ☎03-3666-5885 ⌂中央区日本橋人形町2-1-1 🕐9:00～19:00（週六・日、假日為～18:00） 週日（逢戌之日・大安則翌日休）‼️🚇人形町A2出口即到 MAP 附錄4 F-1

鬆軟濃稠的親子丼創始店
玉ひで たまひで

將祕傳口味一子相傳至今的親子丼外帶專賣店。購買後也可以在店內品嘗。由於改建的關係，本店將休業到2024年冬天。

鬆軟濃稠超美味

香氣十足的燒烤雞肉與飄散雞湯香氣的雞湯親子丼1350円

親子丼 ☎03-3668-7651 ⌂中央区日本橋人形町1-17-9 🕐11:00～14:00、16:00～20:00（週六・日、假日為11:00～15:00、16:00～19:00） 週一・二，有不定休 ‼️🚇人形町站A2出口即到 MAP 附錄4 F-1

開心散步的街區／充滿下町風情的水天宮與人形町

小網神社的福祿壽像，與日本橋一帶的笠間稻荷神社、水天宮等同樣名列日本橋七福神。

在東京化身巴黎女郎
來趟神樂坂巷弄散步

以日法文化交流的據點東京法語學院為中心，
聚集了許多法式商店的神樂坂。想不想以化身巴黎女郎的心情，
在有小巴黎之名的巷弄裡散步看看呢？

❶電影館也會上映法國電影和脫口秀 ❷2021年落成的新校舍
❸收藏了法國和法語圈的文學、音樂、影片的圖書室。可免費入內閱
覽（公休日請上官網確認）❹充滿潮流氛圍的教室

可以享受電影和閱讀的法國文化殿堂

東京法語學院
とうきょうにちふつがくいん

為了加深日法文化交流而成立的
法國政府正式機構。除了舉辦法
語講座之外，也附設有電影館、
圖書室（多媒體中心）等。可以
接觸到最先進的法國文化。

文化施設 📞03-5206-
2500 🏠新宿区市谷船
河原町15 🕐視設施而
異 困不定休
🚃JR飯田橋站東口步行
7分 MAP附錄15 B-2

可以拍出美照的
粉紅色牆面

稍微走遠一點也想去的美照景點

從神樂坂再多走幾步就能抵達的語言學校Athénée Français。在粉紅色的牆面上以字母做裝飾的校舍非常可愛。MAP 附錄2 D-2

開心散步的街區／在神樂坂化身巴黎女郎

享受正統蕎麥薄餅的風味

LE BRETAGNE ルブルターニュ

這是法國布列塔尼地區的傳統料理——以蕎麥粉製作的可麗餅「蕎麥薄餅」的專賣店。餐點從正餐到甜點一應俱全。由在當地學藝的可麗餅師傅烘烤而成的蕎麥薄餅,可以搭配蘋果酒一同享用。

蕎麥薄餅 📞03-3235-3001
🏠新宿区神楽坂4-2 コンフォート神楽坂1F ⏰11:30~22:00(週六・日、假日為11:00~)🚫週一 🍴JR飯田橋站西口步行4分 MAP 附錄15 B-2

■1被綠意圍繞的美麗外觀 ■2裝飾有布列塔尼陶器的店內 ■3全套蕎麥薄餅各種1380円~,蘋果酒(瓶裝)700円~

品嘗極品葡萄酒與法國家庭料理

Le Clos Montmartre ルクロモンマルトル

佇立在神樂坂小巷中的餐酒館。可以品嘗到傳統的家常法式料理與嚴選的法國葡萄酒。能夠輕鬆享用的午間全餐價格為2100 和3300円。晚上以單點為主。

法式餐廳 📞03-5228-6478 🏠新宿区神楽坂2-12 Ryo1神楽坂1F ⏰11:30~13:30、18:00~21:00 🚫週日 🍴JR飯田橋站西口步行3分 MAP 附錄15 B-2

午餐的單人全餐2100円有前菜、主菜和飲品

宛如位在法國巷弄中的餐酒館

以前菜為主角的法式料理

法國前菜食堂 bon gout

フレンチぜんさいしょくどうボングゥ

能夠滿足客人想把喜歡的許多菜色都各吃一點的獨特法式料理店。店內沒有供應全餐,而是提供以前菜為核心的菜單。

白色的吊燈非常引人注目

bon gout午餐1320円~。圓形的法式烘餅是阿爾薩斯地區的鄉土料理

法式餐廳 📞03-3268-0071 🏠新宿区矢来町107 細谷ビル2F ⏰午餐週五11:30~14:00(週六・日為11:00~、晚餐17:30~21:00(週六為17:00~)🚫週一・二 🍴地神樂坂站到到 MAP 附錄15 A-1

與稀有起司邂逅的店

Fromagerie Alpage フロマージュリーアルパージュ

以法國產起司為主,販售許多世界稀有起司的店。採用重販售,可以只買一點回去試吃。若不知該怎麼選,也可以告知個人喜好,請店員幫忙挑選。

販售超過200種的硬質、白黴、青黴等各式起司

也有販售適合搭配起司的葡萄酒和果醬、蜂蜜等

起司 📞03-5225-3315 🏠新宿区神楽坂6-22 ⏰11:00~18:00(週五・六為~19:00)🚫不定休 🍴地神樂坂站1a出口步行4分 MAP 附錄15 A-1

神樂坂的另一個名勝赤城神社每月會舉辦1次手作露天市集「あかぎマルシェ」。

殘留往昔的住宅區
從雜司谷到鬼子母神周邊

恬靜的住宅區以及路面電車奔馳而過的街區風景，
總令人懷念而忘卻都市的喧囂。
在綠意包圍中，來周遊這個充滿風情的街區吧。

供奉順產・育兒的神明

雜司谷鬼子母神堂
ぞうしがやきしもじんどう

供奉有450年以上歷史的順產・育兒之
神鬼子母神。本殿是東京都的有形文
化財，在1664（寬文4）年重建，境
內聳立著樹齡700年的大銀杏樹。

寺院 ☎03-3982-8347
🏠豐島区雜司が谷3-15-20 ⏰9:00～17:00
休無休 💴免費參拜
🚃地雜司谷站1號出口步行5分 MAP 89

發現銀杏的
護身符

上／高33m的求子銀杏
左／銀杏形狀的身體健康
御守500円
下／可愛的貓
頭鷹石碑也值
得注意

這裡也
引人注目

欅木行道樹

從都電荒川線鬼子
母神前站沿著參道
有整排的欅木行道
樹。當中也有樹齡
400年以上的樹，為
東京都指定的天然
紀念物。

位於腹地內的
古早零食店

羅列昭和的古早零食。外
觀也令人心情平靜

懷舊老舖的古早零食店
上川口屋 かみかわぐちや

位於鬼子母神堂境內的老舖古早零
食店。店面陳列著讓大人也歡欣雀
躍的傳統古早零食。洋溢著不禁令
人一返童心的懷念氣氛。

古早零食店
⏰10:00～18:00
休雨天 MAP 89

よっちゃん丸與梅ちゃ
ん丸各22円

手創市集也很熱鬧

與創作者店家的人接觸也很有趣

鬼子母神堂與大鳥神社每月會同時
舉行1次手創市集。境內會擠滿販
賣雜貨、陶器及裝飾品等等手工作
品的攤販。

🏠鬼子母神堂、大鳥神社
⏰每月第3週日，9:00～16:00（視每
月而異，需在官網確認） MAP 89

可以邂逅令人
感到溫暖的講
究作品

雜司谷
鬼子母神堂 P.88
南池袋(3)
手創市集P.88
上川口屋P.88
P.88

P.89 雜司谷靈園

雜司が谷(1)
P.89 雜司谷服務處
P.89 Kiazuma咖啡
P.89 豐島區立
雜司谷舊宣教師館
Reels西洋釣具咖啡店 P.89
西早稻田站

散步前順路去蒐集資訊

雜司谷站旁的「雜司谷服務處」有推薦的散步路線導覽。2樓的藝廊也會舉辦企劃展。MAP 89

右／從樹蔭下可窺見池袋的高樓大廈 下／銀杏通也有許多當地人通行

1 了解明治時期的傳教士生活

豐島區立
雜司谷舊宣教師館

としまくりつぞうしがやきゅうせんきょうしかん

1907（明治40）年美國傳教士J.M. Mccalebh所興建的住宅。為明治時期稀少的木造洋風建築，是東京都的指定有形文化財。可以在此體驗當時的傳教士生活。

歷史建築 ☎03-3985-4081 ⌂豐島区雑司が谷1-25-5 ⏰9:00～16:30 休週一、第3週日、假日翌日 ¥免費 ‼地東池袋站5號出口步行10分 MAP 89

1具有19世紀後半，美國郊外型住宅特色的時髦構造，Mccalebh先生回國前的34年都在此度過 2路上的磁磚也有舊宣教師館的圖樣 3建築物前的馬路名稱是「舊宣教師館通」

也有知名人士們長眠在此的廣大墓地

雜司谷靈園 ぞうしがやれいえん

1874（明治7）年設立的公營墓地。約11萬m²的佔地中聳立著許多欅樹古木，有夏目漱石、永井荷風等許多名人長眠於此，也有許多來訪散步的人。

公墓 ☎03-3971-6868 ⌂豐島区南池袋4-25-1 ⏰自由散步 ‼地雜司谷站1號出口步行8分 MAP 89

卵頭就會看見漂亮的照明燈

沉浸在復古氣氛的咖啡廳

Kiazuma咖啡
キアズマこーひー

位於鬼子母神表參道中的木造咖啡廳。風格是講究室內裝飾的純咖啡館，店內氣氛十分寧靜。可以品嘗自家烘焙的咖啡與手工蛋糕喘口氣。

由昭和初期的建築物翻修而成。櫃台有教堂椅

人氣的電焙特調 650円

咖啡廳 ☎03-3984-2045 ⌂豐島区雑司が谷3-19-5 ⏰10:30～18:30 休週三 ‼地雜司谷站1號出口步行3分 MAP 89

虹吸式咖啡專賣店

Reels西洋釣具咖啡店
リールズせいようつりぐこーひーてん

喜愛釣魚與咖啡的老闆經營的咖啡廳。從展示釣具的店內也能看到路面電車的身影。可以品嘗以虹吸咖啡壺沖泡的講究咖啡以及自製甜點。

香氣撲鼻的Movango咖啡 700円

咖啡廳 ☎03-6913-6111 ⌂豐島区雑司が谷2-8-6 メゾンドラフィーネ1F ⏰11:30～18:30 休週一・不定休 ‼地雜司谷站1號出口即到 MAP 89

可以一邊眺望路面電車一邊放鬆

也很推薦周遊雜司谷七福神。鬼子母神堂與雜司谷服務處都有地圖可拿，還有販售蓋了朱印的色紙500円。

開心散步的街區／從雜司谷到鬼子母神周邊

前往充滿異國風情的清真寺
代代木上原散步

你知道代代木上原有莊嚴又美麗的清真寺嗎？
只要踏進寺院，眼前所見的就是輝煌奪目的「東方」世界。
要不要來體會一下轉眼之間遠離日常、沉浸於異國氣氛中的感覺呢？

精美絕倫的阿拉伯裝飾

東京大清真寺
土耳其文化中心

とうきょうジャーミイディヤーナトトルコぶんかセンター

日本最大的土耳其系清真寺，一般人也可入內參觀。以精美的彩繪玻璃和阿拉伯語書法裝飾的禮拜堂，就像巨大的萬花筒一樣美得讓人屏息。

清真寺 ♪03-5790-0760 ⌂渋谷区大山町1-19
⏰10:00～18:00 ㊡無休 ♨小田急小田原線代代木上原站西口步行4分 MAP附錄3 C-2

清真商店裡也有販售專屬糕點師傅和主廚製作的土耳其糕點和土耳其咖啡、紅茶。也有提供土耳其午餐。

3水果塔378円 **4**開心果水果慕斯588円 **5**藍莓起司蛋糕583円

1依氣候和時間會逐漸變換色調的禮拜堂。可用單眼相機以外的方式拍照攝影 **2**鄂圖曼王朝風格的外觀非常引人注目

照片提供：東京大清真寺

請注意在禮拜堂的禮儀

參觀清真寺的禮拜堂時，女性要用絲巾覆蓋頭髮，不論男女都要儘量穿著露出度較少的服裝。東京大清真寺也有出借服裝。

1 讓粉絲垂涎不已的老闆收藏品 **2** 黑桃圖案的杯墊 **3** CAKE SET1155円～

可以放鬆待到深夜的大人咖啡廳

Fireking cafe ファイヤーキングカフェ

在挑高天花板的開闊店內，一整排陳列著美國「Fire-King」復古餐具的輕食咖啡廳。除了有超過60種飲品之外，亞洲料理的種類也很豐富。

咖啡廳 ☎03-3469-7911 ⬠渋谷区上原1-30-8 ⏰午餐11:30～18:00、晚餐＆酒吧18:00～翌2:00（週六・日、假日為12:00～）休無休 ‼️私小田急小田原線代代木上原站西口即到 ※晚餐時段另收10%服務費 MAP附錄17 A-3

1 巧克力蛋糕評比套餐有3種切片蛋糕和飲品，1450円～ **2** 巧克力百匯1200円 **3** 佇立於小路上的隱密店家

巧克力蛋糕的評比套餐很受歡迎

Minimal The Baking 代代木上原
ミニマルザベイキングよよぎうえはら

這是精品巧克力專賣店Minimal營運的巧克力蛋糕專賣店。店內可以品嘗比較不同可可種類和製作工法的巧克力蛋糕，也可以搭配咖啡和酒類享用。

巧克力蛋糕 ☎03-6407-8292 ⬠渋谷区上原1-34-5 ⏰11:00～19:00 休無休 ‼️私小田急小田原線代代木上原站南2出口步行2分 MAP附錄17 A-3

松鼠外盒超級可愛

西光亭 せいこうてい

不使用防腐劑與著色劑，由職人細心製作的西點專賣店。全部共有14種餅乾可以選擇，可愛的包裝也極具魅力，圖案還會依季節而改變。

餅乾 ☎03-3468-2178 ⬠渋谷区上原2-30-3 グランマーレ上原 ⏰11:00～19:00 休無休 ‼️私小田急小田原線代代木上原站西口步行10分 MAP附錄17 A-4

灑滿糖粉的胡桃餅乾(右)與會在口中散發柑橘清爽香氣的晚柑餅乾(左) 各1296円

參觀東京大清真寺，週六・日、假日14:30有日語導覽團。免費參加，無需預約。

在綠意盎然且時尚的代官山
度過悠閒的時光

時尚的街邊店林立的代官山，
只要拐個彎就會進入廣大的住宅區中，其實充滿了悠閒氣息。
不妨輕鬆漫步，順道繞進個性十足的店裡看看吧。

以字母T為主題的牆

發現新的生活型態

代官山 T-SITE だいかんやまティーサイト

以綜合書店「代官山 蔦屋書店」為主軸，集結了許多能刺激感官的時尚店家和咖啡廳的生活提案型商業設施。建議可以多花點時間慢慢逛一逛。

複合設施 ☎03-3770-2525（代官山 蔦屋書店）⭡渋谷区猿楽町16-15 🕐視店鋪而異 困無休 🚃東急東橫線代官山站中央口步行5分 MAP附錄10 B-1

在沙發上放鬆一下

1 ❷代官山蔦屋書店2號館2樓的休息區。陳列了古董雜誌

融入優雅街道中的建築物是代官山HILLSIDE TERRACE

大正浪漫風情

作為國家重要文化財的舊朝倉家住宅。除了有充滿大正浪漫風情的建築物以外，也可以入內參觀美麗的庭園

代官山 蔦屋書店的北側為步道，林立了許多專賣店

Café

咖啡廳在這裡

大型窗戶與挑高天花板呈現出開放氛圍

療癒美食為主題的餐廳

IVY PLACE
アイヴィープレイス

結合了咖啡廳、餐廳、酒吧等3種空間，從早餐到晚餐都能在此享用的餐廳。可以在沉穩的室內裝潢中享用讓人懷念的料理。

餐廳 ☎03-6415-3232 ⭡代官山 T-SITE內 🕐8:00〜22:00 困無休

經典奶油牛奶鬆餅1680円〜

身邊的歷史景點也引人注目

西鄉山公園以及代官山的T-SITE有水戶德川家宅邸遺跡。代官山HILLSIDE TERRACE則有小型古墳。可以試著找看看。

Café 咖啡廳在這裡

據說店名是取自於老闆祖父的名字

派餅和起司蛋糕的口味讓人陶醉

MATSUNOSUKE N.Y.

マツノスケニューヨーク

質樸而溫和的風味源自於老闆曾經在美國留學時吃過的派餅與起司蛋糕。可在紐約風格的時尚空間裡悠閒用餐，也提供外帶。

濃郁且入口即化的紐約起司蛋糕611円

咖啡廳 ♪03-5728-3868
⌂渋谷区猿楽町29-9 HILLSIDE TERRACE D-11 ⏲9:00～17:30 休週一 ‼私東急東橫線代官山站中央口步行4分 MAP附錄10 B-1

可以將文字訊息印在標籤上，也很適合作為禮物

現做的新鮮香氣

LE LABO 代官山

ルラボだいかんやま

提供「Fresh Blending」服務的香氛商店。接受訂單後會在店內的實驗室中調和香氛並裝瓶。

香氛 ♪03-5459-2770
⌂渋谷区恵比寿西1-35-2 ⏲11:00～20:00 休不定休 ‼私東急東橫線代官山站中央口即到 MAP附錄10 B-2

香水15ml 11770円～。也有東京限定香氛

1

2

12全系列商品齊全，可以體驗品牌的世界觀

凸顯料理的沉穩器皿

yumiko iihoshi porcelain Tokyo

ユミコイイホシポーセリントウキョウ

由陶藝家飯干祐美子創立的原創品牌餐具直營店。不妨將配合季節的餐桌擺飾作為參考，尋找自己喜歡的器皿。

餐具 ♪03-6433-5466 ⌂渋谷区代官山町6-6 DAIKANYAMA SPT BLDG.1-A ⏲12:00～18:00 休無休 ‼東急東橫線代官山站西口步行7分 MAP附錄10 C-1

Café 咖啡廳在這裡

也可以在店內享用西式、日式及中式的熟食和麵包

用甜麵包和義大利製機器沖泡的咖啡來休息一下

自製麵包和高級進口食材

HILLSIDE PANTRY

ヒルサイドパントリー

這是位於代官山HILLSIDE TERRACE的食材店。店內的麵包從麵團開始均為手工製作。外皮酥脆，內部Q彈的可頌麵包是開幕以來的熱賣品。

麵包・進口食材 ♪03-3496-6620 ⌂渋谷区猿楽町18-12 HILLSIDE TERRACE G棟B1 ⏲10:00～19:00 休週三（逢假日則營業）‼私東急東橫線代官山站中央口步行3分 MAP附錄10 B-1

MATSUNOSUKE N.Y.早上9點開門營業。早點去人會比較少。

散佈著講究的店家
沿著目黑川散步

目黑川沿岸聚集了流行敏銳的時尚人士。
到喜歡的店家購物，或是在咖啡廳放鬆休息，
來這裡享受美妙的假日散步樂趣吧。

可以購入在日常生活使用工匠作品的 工藝 器と道具 SML

■在皮塔餅中夾入大量蔬菜和醬汁的中東式炸鷹嘴豆餅三明治930円
■100%植物性的Vegan霜淇淋650円 ■也可以點餐後外帶

有大量蔬菜的純素三明治

Ballon バロン

講求以有機食材製作三明治的純素咖啡廳。招牌的炸鷹嘴豆餅三明治內餡只有蔬菜而已，完全不使用肉類卻依然分量十足。

純素咖啡廳　📞03-3712-0087
🏠目黑区中目黑3-2-19 ラミアール中目黑104 🕐11:30～17:30 🈺不定休
🍴🚇東急東橫線中目黑站東口2號出口步行4分 MAP 95

P.95 工藝 器と道具 SML S

R Pizzeria e trattori
Da ISA P.95

C 星巴克臻選®
東京烘焙工坊 P.28

中目黑　目黑区

周邊圖 C 附錄P.10

0　　　200m
1:18,000

讓人想去旅行的雜貨店

TRAVELER'S FACTORY トラベラーズファクトリー

受到全世界旅遊愛好者支持的「TRAVELER'S Note」的旗艦店。除了販賣與筆記本相關的商品外，2樓也有可以一邊喝咖啡，一邊客製化筆記本的空間。

文具　📞03-6412-7830
🏠目黑区上目黑3-13-10
🕐12:00～20:00 🈺週二
🍴🚇東急東橫線中目黑站南口步行4分
MAP 95

由紙品加工廠改裝而成的店內。可以自由使用來客製化的組件

■招牌商品TRAVELER'S Note 5280円（筆・筆夾零售）■紙膠帶各352円～

■從餐點到生活風格都極為講究的大人的商店 ■MY shoulder bag 25300円 ■擴香瓶 14040円

由人氣商店企劃

1LDK apartments. ワンエルディーケーアパートメンツ

集結了成衣鋪、咖啡館和雜貨店。以在日常中的非日常為主題提出新標準的選品店。服飾、包包、飾品等均可搭配。

選品店
📞03-5728-7140 🏠目黑区上目黑1-7-13 🕐13:00～19:00（週六・日・假日為12:00～）🈺無休 🍴🚇東急東橫線中目黑站正面口步行3分 MAP 附錄10 B-2

賞櫻勝地目黑川

在長約8km的河岸邊約有8000株櫻花樹的目
黑川。一到花季就會湧現許多賞花遊客，非常
熱鬧。 MAP 95

日常就能享用純
素料理的Ballon

也有販售牙膏和
護手霜的1LDK
apartments.

1 招牌瑪格麗特披薩
1815円 2 店內裝飾著許
多獎盃

1 也有販售許多
古色古香的陶瓷
器 2 每次去都
能遇見新東西也
很讓人期待

設計也很
吸引人

令人想拿起來的古董

Konguri コングリ

利用以前是照相機店的店鋪改成古董
店。店裡陳列著由老闆精選出的，高品
味的江戶末期到昭和初期的餐具以及木
製家具。

古董 📞03-6312-1218 🏠目黑区上目黑2-44-5
🕐13:00～19:00 🈺不定休 🚃東急東橫線中
目黑站正面口步行7分 MAP 95

榮獲世界第一的披薩

Pizzeria e trattoria
Da ISA ピッツェリア エ
トラットリア ダ イーサ

這是由在拿坡里的名店修業、榮獲過
世界第一的知名披薩職人山本尚德的
店鋪。不論材料、麵團做法與尺寸，
甚至連店內氣氛都重現了拿坡里正宗
風味的披薩店。

披薩店 📞03-5768-3739 🏠目黑区青葉台
1-28-9 🕐11:30～14:00、17:30～21:45
🈺週一 🚃東急東橫線中目黑站西口步行
6分 MAP 94

邂逅各種作家的容器

工藝 器と道具 SML こうげいうつわとどうぐエスエムエル

展示並販售日本全國的燒窯生產的容器。陳列多種容器的店內宛如藝廊。
大約2星期會更換一次活動或展示，因此能邂逅各種創作者的作品。

工藝品 📞03-6809-0696
🏠目黑区青葉台1-15-1
AK-1ビル1F 🕐12:00～
19:00（週六・日、假日為
11:00～） 🈺不定休、換
展期間 🚃東急東橫線
中目黑站西口步行7分
MAP 94

可以輕鬆選擇喜歡的器皿。小盤
1000円～、大盤6000～8000円

1 也有木製調味罐
2 小鹿田燒的茶杯和盤子
3400円～

每個都好想要

長約700 m的「中目黑高架下」林立了許多商店、咖啡廳和飲食店。

在林立著個性十足商店的
三宿悠閒漫步

從熱鬧的三軒茶屋站前再多走幾步到三宿通，
這一帶有許多高雅又時尚的商店。
不妨遠離喧囂，來此度過悠閒的時光吧。

面向三宿通的世田谷公園是綠意盎然的自然公園。假日人潮眾多

PHOTO:PIXTA

搭配甜甜圈享用的
點心時間

和 kitchen かんな的刨冰淋上特製
糖漿，口感細緻，入口即溶

SUNDAY

左／SUNDAY CAFE ART RESTAURANT
的地點也是一大亮點 上／三軒茶屋車站前有
一塊寫了地名由來的石碑

講究縫製的H TOKYO的手
帕也很適合當作禮物

H TOKYO也有將碎布再
利用的商品

有大量起司奶油餡的
現炸甜甜圈

cafe The SUN LIVES HERE
PARK STORE
カフェザサンリブスヒアーパークストア

這家是起司蛋糕專賣店所營運的甜甜圈
店。在鬆軟麵團中擠進大量自製的酸奶油
與日本產奶油起司製成的原創甜甜圈很受
歡迎。

PARKSIDE甜甜圈一
個500円。也會推出季
節限定口味

口感鬆軟

1

2

1 雖然個頭不小卻
能一下子吃完
2 也有販售在本店
也很受歡迎的起司
蛋糕 CHILK
550円

甜甜圈 ☎03-6875-1730（本店CAFE）🏠世
田谷區池尻1-7-2 🕘9:00～18:00（甜甜圈為
10:30～售完打烊）🚫不定休 🚉東急田園都
市線三軒茶屋站步行14分 MAP附錄18 A-2

方便購買點心到公園享用的絕佳地點

「和 kitchen かんな」美味的祕密

刨冰機的刀片會依照氣溫和冰塊的狀態以公釐為單位進行調整。冰塊本身就有甜味，直到最後都一樣美味。

入口即溶的口感

自然甘甜的濃郁糖漿
和 kitchen かんな
わキッチンかんな

以鬆軟綿密的刨冰與香甜濃郁的糖漿蔚為話題的日式咖啡廳。口感柔滑的糖漿，固定口味和季節限定口味加起來經常備有20種以上。

刨冰 ☎03-6453-2737 ⌂世田谷区下馬2-43-11 2F ⏰11:00～18:30（週六・日・假日要預約） 休週三 ♨東急田園都市線三軒茶屋站步行12分 MAP附錄18 A-2

① 可以吃到草莓和抹茶2種口味的若菜1250円。左上為濃厚紫芋牛乳1000円
② 充滿大正風情的店內

以徽章和刺繡來增添個性

設計充滿玩心的刺繡徽章440円～

寵物也OK的露天座位區

享受鎌倉蔬菜與現代藝術
SUNDAY CAFE ART RESTAURANT
サンデーカフェアートレストラン

半地下的露天座位區也可以攜帶寵物入座

以收集美術品為興趣的老闆所經營的咖啡廳＆餐廳。菜單使用的都是主廚每天早上在鎌倉採購的新鮮蔬菜。還有戚風蛋糕等甜點。

咖啡廳＆餐廳 ☎03-6413-8055 ⌂世田谷区池尻2-7-12 B1F ⏰11:30～20:00 休週五 ♨東急田園都市線三軒茶屋站步行10分 MAP附錄18 A-1

① 手帕的種類經常會替換
② 也有提供在手帕上刺繡的服務

以優質素材製作講究的手帕
H TOKYO 三宿店 エイチトーキョーみしゅくてん

店內經常有超過200種手帕的手帕專賣店。將嚴選自世界各地的優質布料於日本工廠進行縫製。特別高級的素材甚至還會一條一條手工縫製。

手帕 ☎03-3487-4883 ⌂世田谷区太子堂1-1-11 ⏰11:00～19:00 休週一（逢假日則翌日休） ♨東急田園都市線三軒茶屋站步行12分 MAP附錄18 A-2

烤鎌倉蔬菜與當日小菜拼盤1350円～

以「現代美術收藏之家」為概念的SUNDAY CAFE ART RESTAURANT，每個房間裝飾不同的藝術作品。

高質感的雜貨與甜蜜蜜的糕點
到自由之丘尋找幸福

光是在自由之丘站周邊漫步，
就能遇見許多甜點名店或嚴選商品的雜貨店。
若想要一間間進去尋寶，很容易會讓人忘記時間呢！

讓每天更愉快的飲食與生活商品
TODAY'S SPECIAL Jiyugaoka
トゥデイズスペシャルジユウガオカ

店內有眾多商品，若能在日常生活中使用的話，可以讓心情變得更愉快。來自海外的顧客也很多，受到廣大粉絲的支持。原創商品也很受歡迎。

雜貨 ☎03-5729-7131 ⌂目黑区自由が丘2-17-8 ⏰11:00～20:00 ㉹不定休 ⓅⓀ東急東横線自由之丘站正面口步行5分
MAP 附錄18 B-4

1樓也有讓人享受不同季節的生活的企劃展示空間

■1也有許多能讓日常餐飲變得更愉快的食材
■2 2樓有大小不同的觀葉植物。也有販售服飾和香氛商品

也很推薦當作禮物

原創餅乾 681 円～

濾掛咖啡各 270 円

可以在日常使用的迷你環保袋880円

迎接來客的看板與季節花卉

騷動少女心的 雜貨

1樓主要販售日常雜貨與家居盆栽

畫家山口一郎作品的藝術微噴海報。bluebird36300円～

眾多讓生活更多姿多彩的商品
IDÉE SHOP Jiyugaoka
イデーショップジユウガオカ

展現品牌世界觀的旗艦店。商品非常多元，有家具及窗簾、地毯等布織品，也有雜貨和藝術品、植栽等。

雜貨 ☎03-5701-7555 ⌂目黑区自由が丘2-16-29 ⏰11:30～20:00（週六・日、假日為11:00～） ㉹無休 ⓅⓀ東急東横線自由之丘站正面口步行4分 MAP 附錄18 B-4

來自南法的雜貨和家具
BROCANTE プロカント

販售店主向南法的古董商自行採購的家具和雜貨。商品幾乎都只有一件，要把握一生一遇的機會。

雜貨 ☎03-3725-5584 ⌂目黑区自由が丘3-7-7 ⏰13:00～18:00 ㉹週二・三 ⓅⓀ東急東横線自由之丘站正面口步行5分 MAP 附錄18 A-4

色調優雅，流行於1960年代的法國VERCO公司出品的玻璃餐具

精緻的鐵製小物

也有許多充滿巧思的擺設小物

在步道輕鬆散步

位於自由之丘站南側的「九品佛川綠道」。在
石板路旁有行道樹和長椅，是能讓人感受季
節變化的放鬆景點。

優雅放鬆享用咖啡的複合設施

ROYAL CRYSTAL COFFEE 自由之丘店

ロイヤルクリスタルコーヒーじゆうがおかてん

1樓販售自家烘焙咖啡豆和
餐具。2樓的咖啡廳可以享
用咖啡師沖泡的咖啡，或
是在優雅的空間裡悠開地
享用下午茶。

由專屬甜點師
製作的蛋糕也
很受歡迎。蒙
布朗650円

咖啡館 ☎03-5726-9268
🏠目黑區自由が丘2-16-3
🕚11:00～20:00（週六・日・假
日為～19:00) 🈚無休 🚃東急
東橫線自由之丘站正面口步行5
分 MAP 附錄18 B-4

❶套餐內容依季節而異 ❷下午茶套餐
3800円。飲品可以選擇咖啡或紅茶
❸摩登的洋館風格建築物

開心散步的街區／自由之丘的雜貨與糕點

現做♪ **甜點**

現烤起司塔一個
255円

酥脆軟嫩的口感
讓人欲罷不能

BAKE the SHOP
自由之丘店

ベイクザショップじゆうがおかてん

招牌的現烤起司塔，是在烤
得香酥脆的塔皮中填入了由
數種奶油起司調製而成的起
司慕斯。2樓有內用區。

濃郁醇厚的
BAKE牛奶霜淇
淋440円

起司塔 ☎03-5726-8861
🏠目黑區自由が丘1-31-10 BAKE
ビル1・2F 🕚11:00～20:00 🈚無
休 🚃東急東橫線自由之丘站
南口即到 MAP 附錄18 B-4

甜味與酸味演奏出絕
妙的和諧樂章。C'est
la vie 820円

放有季節水果的生裝飾蛋糕
（水果增量）6吋6120円

將食材風味發揮到最大值的蛋糕

Mont St. Clair モンサンクレール

這是活躍於海內外的甜點主廚辻口博啟的甜點店。有使
用當季水果和來自世界各地食材製作的精美蛋糕，種類
非常豐富。

甜點店 ☎03-3718-5200 🏠目黑區自由
が丘2-22-4 🕚11:00～18:00 🈚週三，有
不定休 🚃東急東橫線自由之丘站正面口
步行10分 MAP 附錄18 B-3

ROYAL CRYSTAL COFFEE 自由之丘店1樓有展示古董杯盤和磨豆機的藝廊。

在傳播最新流行文化的
下北澤悠閒漫步

集結了個性十足的商店，發展出獨特文化的下北澤，
到處都是讓人饒有興趣的特色小店。
不妨多留一點時間，享受散步的樂趣。

有許多綠意盎然
的步道，周邊也
有複合設施

復古懷舊的咖啡廳

喫茶Negura きっさネグラ

店內有許多古董家具和雜貨等，醞
釀出復古氛圍。包含季節限定品
項，經常備有20種冰淇淋蘇打，可
以找出自己喜歡的口味。拿坡里義
大利麵和吐司等輕食料理的品項也
很豐富。

咖啡廳 ☎03-6361-9874 🏠世田谷区北
沢2-26-13 PACKAGEONE1F北側
🕚11:00～21:00 (有變動) 困不定休
🚶🚉小田急小田原線下北澤站步行4分
MAP 101

懷舊感十足的外觀，
開門就充滿驚喜

1照片左邊起：藍色汽水冰淇淋蘇打850円及
紫色冰淇淋蘇打950円 2充滿復古風情的店內 3塗上奶油與紅豆餡，放上麻糬片烘烤而成的
紅豆奶油麻糬吐司850円

集結了舊衣和手作雜貨

東洋百貨店 別館

とうようひゃっかてんべっかん

長久以來備受時尚愛好者
喜愛的東洋百貨店的2號
店。有舊衣店、手作雜貨
店、飾品店等7個店鋪進駐
其中。

原創的身體珠寶

複合商店 ☎03-3468-7000
🏠世田谷区北沢2-11-15 ミカ
ン下北A街區1F
🕚11:00～20:00 困無休
🚶🚉小田急小田原線下北澤站
即到 MAP 101

尋找自己喜歡的商品

每天更換的咖哩特餐1450円

1位於小路後方的店 2花椒巧
克力與小豆蔬馬斯卡彭起司拉西
的雙口味550円

充滿香料迷人香氣的極上咖哩

Curry Spice Gelateria KALPASI

カリースパイスジェラテリアカルバシ

位於千葉船橋、很難預約的餐
廳「Kalpasi」的系列店，為是
咖哩和義式冰淇淋的專賣店，
在冰品中也加入了香料，可以
發現意想不到的味道。

咖哩 ☎無 🏠世田谷区北
沢2-12-2 サウスウェーブ下
北沢1F 🕚11:30～20:00
困週四 🚶🚉小田急小田原
線下北澤站步行3分
MAP 101

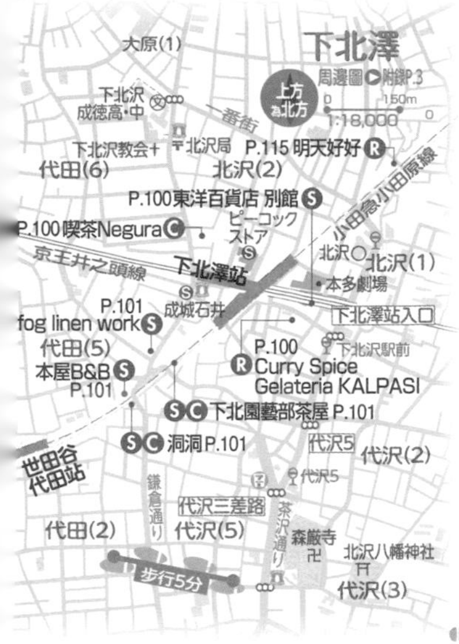
下北澤
周邊圖▶附錄P.3
上方為北方
150m
1:18,000
大原(1)
下北沢成徳高・中
一番街
下北沢教会
北沢局
P.115 明天好好
代田(6)
北沢(2)
小田急小田原線
P.100東洋百貨店 別館
P.100喫茶Negura
ピーコックストア
京王井之頭線
下北澤站
北沢
北沢(1)
本多劇場
成城石井
P.101
fog linen work
下北澤站入口
代田(5)
P.100
Curry Spice
Gelateria KALPASI
下北沢駅前
本屋B&B
P.101
下北園藝部茶屋 P.101
洞洞 P.101
代沢5
代沢(2)
世田谷代田站
鎌倉通り
代沢三差路
茶沢通り
代田(2)
代沢(5)
森巌寺
北沢八幡神社
步行5分
代沢(3)

有助於加深人與植物的關係

下北園藝部除了進行植栽管理之外，也有販售園藝相關商品，並會舉辦植栽導覽等活動。可以輕鬆地參加自然活動。

連結作者與讀者的書店

本屋B&B ほんやビーアンドビー

可以一手拿著精釀啤酒或咖啡等飲料，輕鬆悠閒地選擇書籍，是嶄新型態的書店。

書店 ♪03-6450-8272 ⌂世田谷区代田2-36-15 BONUS TRACK 2F ⏰12:00～21:00（視日期而有變動，詳細請上HP或SNS確認） 休不定休 🚶私小田急小田原線下北澤站步行4分 MAP101

也有
精釀啤酒

1除了書籍和雜貨以外，也有販售T恤和托特包 2幾乎每天都會舉辦脫口秀和活動

想在日常使用的高級亞麻製品

fog linen work フォグリネンワーク

販售可以在日常使用的亞麻製品。店內的亞麻製品全都是在立陶宛的工廠製作而成。有廚房布巾和寢具等，高雅的設計品味，每一樣都是讓人想在日常生活中使用的商品。

亞麻・雜貨 ♪03-5432-5610 ⌂世田谷区代田5-35-1-1F ⏰12:00～18:00 休週六・日、假日 🚶私小田急小田原線下北澤站步行3分 MAP101

1高雅的陳列擺設，讓人看了也愉快 2吸水性極佳的亞麻杯墊各418円

1左起順時針為：覆盆子380円，馬鈴薯培根420円，砂糖350円
2手繪看板就是標記

用米油煎炸的鬆軟甜甜圈

洞洞 ほらほら

甜甜圈的口味會每日更換，提供6種口味可選擇。除了使用水果的糖霜甜甜圈之外，也有鹹的甜甜圈。

甜甜圈 ♪無 ⌂世田谷区代田2-36-19 ⏰12:00～售完打烊(營業時間請上IG確認） 休週一 🚶私小田急小田原線下北澤站步行4分 MAP101

香草與天然蜂蜜的飲品

下北園藝部茶屋

シモキタえんげいぶちゃや

販售使用在下北澤地區採集的野花製作的野放茶，以及所採集到的天然非加熱蜂蜜等。

花草・蜂蜜 ♪03-6805-5887（シモキタ園藝部） ⌂世田谷区北沢2-21-12 ⏰13:00～18:00（週六・日、假日為～19:00） 休週一・二 🚶私小田急小田原線下北澤站即到 MAP101

1附設於下北園藝部的茶屋，周邊是守護、培育植物的主要農場
2也有飲品和甜點

東洋百貨店 別館集結了許多售價合理的商品。豐富多樣、與眾不同的商品讓人眼花撩亂。

宛如在地生活
悠遊漫步吉祥寺

在綠意盎然的人氣街區吉祥寺，
時間過得特別悠閒緩慢。
不妨在周末時到此，輕鬆地散步吧。

整個繞上一圈 **5 小時**

出了車站就往末広通方向走。外帶咖啡，到井之頭恩賜公園散步吧。在咖啡廳喘口氣後，就朝中道通前進。最後順路繞去口琴橫丁。

建議出遊的時段

■中庭裡有貓咪擺設物和蜿蜒小河 ■「TEA HOUSEはっぱ」店內 ■貓咪主題雜貨品牌「TOKOTOKO CIRCUS」

有如繪本世界的童話村
吉祥寺PETIT村
きちじょうじプティットむら

由好幾棟宛如從童話中出現的建築所購城的童話地區。裡面有雜貨店、TEA HOUSE、貓咪咖啡廳等，非常熱鬧。

商店&餐廳 ☎0422-29-1223 ⌂武蔵野市吉祥寺本町2-33-2 ◷11:00～20:00(週六・日、假日為10:00～20:00) ㊡不定休 ¥貓咪咖啡廳「てまりのおしろ」為入場費1540円(週六・日、假日為1980円、19:00以後為1100円～) ‖⒥吉祥寺站北口步行5分 MAP103

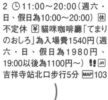

■也有能讓廚房更亮眼的包裝材料 ■能享受英國的世界觀

亮眼活潑的英國雜貨店
COTSWOLDS コッツウォルズ

販售科茲窩蜂蜜、紅茶等英國商品和雜貨。以亮眼活潑的外觀為標記，店面也有販售古董商品等。

生活雜貨 ☎0422-23-7688 ⌂武蔵野市吉祥寺本町4-13-2 ◷11:30～18:30 ㊡週二・三 ‖⒥吉祥寺站北口步行8分 MAP103

長久以來備受喜愛的咖哩專賣店
吉祥寺咖哩屋 まめ蔵
きちじょうじカレーやまめぞう

自創業以來就以獨特香料調配而成的咖哩大受好評。有「豆豆咖哩」及「蔬菜咖哩」等7種咖哩。店內氣氛輕鬆沉穩。

咖哩 ☎0422-21-7901 ⌂武蔵野市吉祥寺本町2-18-15 ◷11:00～20:30 ㊡無休 ‖⒥吉祥寺站北口步行5分 MAP103

放有大塊的蔬菜

■以豆類、蔬菜、肉類、水煮蛋等為配料的特製咖哩1350円 ■讓人放鬆的店內

吃冰休息一下

■除了松鼠和猴子等動物外，也有水生動物的「井之頭自然文化園」就在隔壁 ■園內也有速食店，可以享用輕食、飲品和甜點等 ■在大自然的包圍下讓人煥然一新

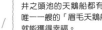

招福的眉毛天鵝船

井之頭池的天鵝船都有著可愛的睫毛。其中唯一一艘的「眉毛天鵝船」，據說只要搭上它就能獲得幸福。

上方為北方

吉祥寺

周邊圖 ●附錄P.17

0　150m
1:22,000

P.103 crayonhouse
P.102 COTSWOLDS P.102
吉祥寺PETIT村
中央線
吉祥寺咖哩屋 まめ蔵 P.102
ゆりあぺむぺる P.103
自然文化園
彫刻館
井之頭恩賜公園 P.103
大盛寺
口琴橫丁 P.103
吉祥寺站
武蔵野市
東急REI
三鷹市
三鷹台站

開心散步的街區／宛如日常生活漫步吉祥寺

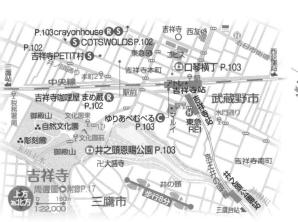

1 1976年開業，長久以來備受喜愛的店家
2 冰淇淋蘇打也有推出季節商品

店名取自宮澤賢治的詩集

ゆりあぺむぺる

一踏進店裡就能感受擺滿了古董擺設所營造出的復古氛圍。牛奶色的冰淇淋蘇打很受歡迎。也有販售午餐。

咖啡廳　📞0422-48-6822
🏠武藏野市吉祥寺南町1-1-6 🕐11:30～19:45（週五・六、假日前日為～21:45）休週一 🚉吉祥寺站南口即到 MAP 103

有許多色彩繽紛的繪本、雜貨和木製玩具

在繪本的圍繞下度過舒心時光

crayonhouse クレヨンハウス

2樓空間裡陳列了繪本，擺放了日本國內外嚴選的玩具和棋盤遊戲。有機餐廳也很值得一去。

商店&餐廳　📞0422-27-2114
（直撥2F）🏠武藏野市吉祥寺本町2-15-6 🕐11:00～21:00（2F為11:00～19:00）休無休 🚉吉祥寺站北口步行8分 MAP 103

以木製家具營造溫暖氛圍的餐廳

東京都居民聚集的綠色綠洲

井之頭恩賜公園

いのかしらおんしこうえん

公園裡被約1萬6000棵樹包圍，是許多野鳥或當季花卉生存在都市中的休憩場所。不論春天的櫻花、秋天的紅葉都很美。

公園　📞0422-47-6900
（公園服務處）🏠武藏野市御殿山1-18-31 🕐自由入園 🚉吉祥寺站南口步行5分 MAP 103

位於池邊的井之頭弁財天

走在小巷裡，光是感受其氣氛就很令人開心

多走幾步路就能抵達的熱鬧橫丁

洋溢令人懷念氣氛的小巷

口琴橫丁

ハーモニカよこちょう

位在JR吉祥寺站北口前，俗稱「口琴橫丁」。狹窄的小巷裡有90家餐飲店櫛比鱗次。不管哪一家都深具魅力，令人想從巷頭吃到巷尾。

橫丁　🏠武藏野市吉祥寺本町1 🕐視店鋪而異 🚉吉祥寺站北口即到 MAP 103

井之頭恩賜公園的池塘可以玩手划船或天鵝船30分鐘500日圓～。

讓人想專程前往的位於調布的手紙舍

雖然稍微遠離了東京都心，
卻有許多品味獨到的書籍和雜貨。
在這些美好事物的包圍下度過溫暖放鬆的時光吧。

也有販售咖啡用品

享受放鬆的讀書時光

書及咖啡
tegamisha
ほんとコーヒーテガミシャ

這是由經常舉辦雜貨活動的編輯團體「手紙社」所營運的書店咖啡廳。可以在古典沉穩的氣息中享用自家烘焙的咖啡，閱讀手紙社的精選書籍。

☎042-440-3477 🏠調布市菊野台1-17-5 1F ⏰11:30～17:30（咖啡廳為～17:00）🈺週一・二（逢假日則營業）🚉私京王線柴崎站北口即到
MAP 附錄3 A-2

也有許多適合搭配咖啡的甜點

店裡配置了可以飲食的餐桌

佇立於住宅街上的書店咖啡廳。可以在這裡度過絕無僅有的時光

原創濾掛式咖啡包各220円

原創綜合餅乾700円

週末時也會販售水果塔和帕尼尼等

陳列了繪本的原畫、雜貨以及高質感的文具

手紙社的雜誌《LETTERS》

《LETTERS》是手紙社的雜誌，專門介紹美麗的事物。每翻一頁都讓人感到雀躍不已，可以在手紙社的各店鋪內購買。

可愛雜貨與美味餐點

手紙舍 2nd STORY

てがみしゃセカンドストーリー

只要走上2樓就會看到「手紙舍 2nd STORY」，這裡呈現的氛圍又不一樣了。除了有以紙製品和織物為始的雜貨，同樣也有咖啡廳，提供各式午餐和甜點。也有以展示為發想的菜色。

店內經常會舉辦企劃展。每次更換的陳列布置也很值得一看

季節起司蛋糕638円與香料拉茶660円

📞042-426-4383
🏠調布市菊野台1-17-5 2F 🕛12:00～18:00（咖啡廳為～17:30）
🈺週一・二（逢假日則營業）🚃京王線柴崎站北口即到
MAP 附錄3 A-2

讓人樂著期待的雜貨空間 ♥

1 Subikiawa.的一筆箋378円 2 圖案豐富的原創捲筒便條紙803円 3 今後預定發售眼鏡貓咪的布偶（價格未定）4 菊田佳代製作的玻璃胸針2750円～ 5 郵件印章570円～

寬廣的咖啡廳空間，也有提供午餐

在全日本的雜貨迷中人氣很高的「紙博」、「布博」、「紅葉市集」等活動都是由手紙社主辦的。舉辦日期請上官網確認。

∥ 仰望或俯視新舊名勝 ∥

下／從六本木櫸木坂望過去的東京鐵塔。街道上的霓虹燈飾也非常漂亮
右／由下往上看的魄力十足

上／從隅田川畔的隅田公園望過去的東京晴空塔。春天時還能和櫻花合照
右／夜間點燈有3個版本。照片為「粹」

©TOKYO-SKYTREE

右上／直升機停機坪變成了草坪
右／為了方便拍照，玻璃牆面做得較低的「SKY EDGE」
上／可以俯瞰國立競技場

照片提供：SHIBUYA SCRAMBLE SQUARE

A 東京晴空塔®
∥押上∥とうきょうスカイツリー

☎0570-55-0634（東京晴空塔客服中心） ⌂墨田区押上1-1-2 ⏰10:00～21:00（展望台入場至關閉前1小時） 休無休 ¥天望甲板當日票2100円～、天望回廊當日票1000円～（不同票種費用也不盡相同，詳細請上官網確認） 🚃🚇東武晴空塔線東京晴空塔站、🚇押上〈晴空塔前站〉即到 MAP附錄15 B-4

B 東京鐵塔
∥赤羽橋∥とうきょうタワー

☎03-3433-5111 ⌂港区芝公園4-2-8 ⏰MAIN DECK9:00～22:00，TOP DECK9:00～21:45 休無休 ¥MAIN DECK1200円，TOP DECK TOUR網路門票2800円，櫃檯當日票3000円 🚃🚇赤羽橋站赤羽橋口步行5分 MAP附錄2 D-2

C SHIBUYA SKY
∥澀谷∥シブヤスカイ

☎03-4221-0229（SHIBUYA SKY代表號） ⌂渋谷区渋谷2-24-12 渋谷スクランブルスクエア14・45・46F、屋頂 ⏰9:00～21:20 休不定休 ¥網路門票2200円，櫃檯當日票2500円 🚃JR直通、直上澀谷站 MAP附錄9 C-4

在東京想做的事

在東京還有好多好多「想做的事」。
在飯店優雅地享用下午茶，
造訪人氣主廚發揮手藝的餐廳，
或是尋找可以用一輩子的傳統工藝品等……
無論美食還是購物，
視選擇可以無限開拓享樂方式，
試著找出喜歡的主題去造訪看看吧。

更高級的奢華午後
眺望皇居，優雅地享用下午茶

從英國貴族的社交場合誕生的下午茶。
在皇居周邊飯店特有的氣派空間裡，享用極品紅茶、甜點
以及三明治，度過奢華時光吧！

在時尚空間中度過奢華時光

從大片玻璃窗戶可以眺望相鄰的噴水公園和皇居外苑的景色

欣賞借景的豐富綠意
東京皇宮酒店
LOUNGE BAR PRIVÉ

‖丸之內‖パレスホテルとうきょうラウンジバープリヴェ

可以品嘗由法國料理ESTERRE所提供的優雅法式下午茶。也有附香檳的套餐。

> 🫖 AFTERNOON TEA
>
> 下午茶
> 「Terre et Mer」
> 8000円(未稅)
> 重視食材的自然原味，將法國料理濃縮而成的鹹點和甜點。
> （內容視季節而異）需預約／限時2小時半

☎03-3211-5350（下午茶預約專線）🏠千代田区丸の内1-1-1 東京皇宮酒店 6F ⏰14:30~17:00（週一・二不提供，預約至前一天17:00）
⊗週一・二 🍴直通大手町站C13b MAP附錄5 C-1

配合深色裝潢所特製的優雅黑竹點心架上，擺滿了充滿玩心的精美甜點

店內是以日本庭園為意象的花園休閒酒吧

在優雅開放的空間裡
享受放鬆時光
安縵東京
The Lounge by Aman

‖大手町‖

アマンとうきょうザラウンジバイアマン

堅持使用當季食材，每一道皆細心手作而成的精美甜點與鹹點，每個季節都會推出不同的主題。

一整面的落地窗，可以眺望皇居外苑周邊的景色，甚至是富士山

> 🫖 AFTERNOON TEA
>
> 當季下午茶
> 9500円
> 有開胃小點、甜點、司康、鹹點、Ronnefeldt的茶葉可供選擇（內容、費用視季節而異）

☎03-5224-3339（餐廳預約專線）
🏠千代田区大手町1-5-6 大手町塔 安縵東京33F ⏰11:00~16:30
⊗無休 🍴直通大手町站B0
MAP附錄4 D-1

偷偷享受的秘密飲茶時間
英國的公爵夫人因為在晚餐前難忍飢餓而享
用紅茶與點心，據說之後下午茶就這樣發展
成社交場合。

在傳統手法中加入了現代的變化，成熟又
可愛的下午茶

有光澤的甜點鮮豔奪目
東京香格里拉大酒店
大堂酒廊
‖東京站‖シャングリラとうきょうザロビーラウンジ

大堂酒廊位在景色漂亮的28樓，是充滿氣派的空間。由
西點主廚製作的甜點，以及傳承道地口味的司康等等，
講究的風味與服務廣受好評。

📞03-6739-7877 🏠千代田区丸
の内1-8-3 丸之內 Trust Tower本
館28F 🕐14:30～17:30（週六・
日、假日為13:00～15:00、15:30～
17:30）休無休 🚇東京站日本
橋口即到 MAP附錄4 D-2

AFTERNOON TEA
下午茶
7480円～（未稅）
鹹點、甜點、司康等（內容視
季節而異）
※照片為示意圖（飲料自由
續杯，限時2小時）

視野極佳的店內可
以欣賞東京的城市
風景

在名門飯店度過忘我時光
東京帝國飯店
THE IMPERIAL LOUNGE AQUA
‖日比谷‖ていこくホテルとうきょうインペリアルラウンジアクア

以高級飯店特有的氣氛與美味紅
茶而大受好評。為了配合視季節
而改變的餐點，也推出了原創的
調和茶。

📞03-3539-8186 🏠千代田区內幸町
1-1-1 東京帝國飯店本館17F
🕐11:30～18:00 休無休 🚇日比谷
站A13出口即到 MAP附錄7 B-1

AFTERNOON TEA
下午茶
9200円（週六・日、假日
為9800円）
內容、費用視季節而異。有
鹹點、司康、糕點等（飲料
自由續杯，人多時或視套餐
內容會有時間限制）

上／時間緩緩流逝的優
雅店內
左／眼前一覽無遺的日比
谷公園景色也是魅力之一

照片為示意圖

左／飲料會一杯一杯
提供
下／可以俯瞰東京都心

滿滿都是主廚的講究
東京文華東方酒店
Oriental Lounge
‖日本橋‖マンダリンオリエンタルとうきょうオリエンタルラウンジ

小蛋糕、司康、鹹點等，由各
自負責的主廚精心製作的餐
點，變化非常豐富。充滿個性
的茶飲也很有魅力。

📞0120-806-823 🏠中央区日本橋室
町2-1-1 マンダリン 東京文華東方
酒店 38F 🕐12:00～19:00 休無休
🚇三越前站A7出口即到
MAP附錄4 E-1

AFTERNOON TEA
LEGENDARY
AFTERNOON TEA
7480円（週六・日、假日
為8580円／未稅）
有開放式三明治、司康、
甜點（內容視季節而異）
※照片為示意圖（飲料自
由續杯，限時2小時）

高級飯店需注意服裝規定。請穿著休閒優雅服裝，避免穿著無袖上衣、涼鞋、短褲等。

在東京想做的事／優雅享用下午茶

宛如藝術品的甜點讓人陶醉
高級甜點店就在這裡

以將當季食材提升到藝術層次而在東京廣受好評的甜點師傅
製作的極品甜點。美麗的外觀與豐富的口味，
只要吃一口就能讓五感愉悅。

當季的芭菲飲品套餐（圖中的套餐為3050円）

1 充滿沉穩悠閒氣息的店內 **2** 法式千層酥1500円，依季節而改變水果

一期一會的當季芭菲
BIEN-ÊTRE MAISON
‖ 代代木上原 ‖
メゾンビヤンネートル

這是甜點店BIEN-ÊTRE的內用專門店。可以在此悠閒享用主廚馬場麻衣子以當季水果製作的芭菲。每月都會更新菜單，期待新菜色而定期前來的粉絲也很多。

📞03-5738-8827
🏠渋谷区上原1-17-11 3F
🕐11:00～19:30
🈺不定休 🚃🔼小田急小田原線代代木上原站南口2號出口即到
🗺附錄17 B-3

以和菓子為靈感的海綿蛋糕
ASTERISQUE
‖ 代代木上原 ‖ アステリスク

在美食店家雲集的代代木上原非常有人氣的甜點店。大受好評的草莓蛋糕是主廚經由不斷研究後製作而成的逸品。使用長崎蛋糕粉和嚴選雞蛋做成的海綿蛋糕，吃起來入口即化。

📞03-6416-8080
🏠渋谷区上原1-26-16 タマテクノビル1F 🕐10:00～18:00 🈺不定休 🚃🔼小田急小田原線代代木上原站南口步行3分 🗺附錄17 A-3

招牌甜點草莓蛋糕500円

1 使用各式水果製成的蛋糕也很適合當作伴手禮 **2** 美麗的蛋糕裝飾讓人陶醉 **3** 店內可以慢慢選擇喜歡的蛋糕。也有許多烘焙點心

顏色鮮豔的弦月型蛋糕西西里702円

1充滿古典韻味的店內 **2**摩登的外觀與紅色看板就是標記

備受當地人喜愛的進化名店
Parlour Laurel ‖九品佛‖バーラーローレル

1980年開業至今的西點老鋪。有先代店主製作的正統蛋糕，也有前往位在比利時的「PIERRE MARCOLINI」學藝的第二代店主製作的充滿藝術性的蛋糕，可以奢華地品嘗各自的魅力。

☎03-3701-2420
⌂世田谷区奥沢7-24-3
🕐9:30～18:30（內用為～18:00）困週四、第1・3週三 東急大井町線九品佛站步行5分
MAP附錄3 B-3

1部分菜單為預約制。詳細請上官網確認 **2**ÉCHIRÉ鹽焦糖可麗餅佐義式冰淇淋1375円

甜點到正餐都能享用
ASAKO IWAYANAGI SALON DE THÉ
‖等等力‖アサコイワヤナギサロンドテ

從小杯的芭菲「斑比芭菲」和現煎的可麗餅，到三明治、鹹派等餐點都有提供的咖啡館。搭配店家推薦的咖啡和日本茶一同享用也非常美味。

☎03-6432-1158
⌂世田谷区等々力4-5-9 2F 🕐8:00～17:30
困週一・二 東急大井町線等等力站北口步行3分 MAP附錄3 B-3

內容和價格會每月更換的斑比芭菲2860円～，紫蘇焙茶990円

由PATH☞P.121的主廚營運的甜點店「Equal」也很推薦。招牌商品為有大量奶油餡的泡芙。

在東京想做的事／品嘗宛如藝術品的甜點

在能感受異國氣氛的
小酒館&餐廳吃午餐

讓人暫時忘記東京都心喧囂，
充滿異國風情的小酒館&餐廳。
宛如來到國外旅行，悠閒地用餐吧！

❶採用椅背較高的半包廂式，讓人感覺放鬆
❷法國的傳統糕點也很豐富。檸檬塔864円
❸午餐有肉、魚、沙拉等3種主菜和單點

❹樓梯裝飾者VIRON本店所在的法國夏特街道的黑白照片 ❺店內瀰漫著巴黎餐館的氛圍

本日的
肉品午餐（葡萄酒另計）
2420円

在優雅的店內用餐，
心情有如巴黎女郎

Brasserie VIRON 澀谷店
‖ 澀谷 ‖ ブラッスリーヴィロンしぶやてん

以深紅色為基調，並用古典風格統一裝潢的店內放鬆享用餐點的烘焙坊。料理自然不在話下，在1樓麵包店烘烤的正統法式麵包，口味也是香醇有層次。

伴手禮就選
這個♪

使用艾許奶油製作的可頌麵包410円

左上／火腿起司三明治1360円，右下／火腿蔬菜三明治1047円

充滿法國產的麵粉香氣的布里修麵包小226円

📞03-5458-1776 🏠渋谷区宇田川町33-8 塚田ビル2F
🕘9:00～11:00、11:30～16:30、18:00～21:00 🈳無休
🚃JR澀谷站八公口步行10分 MAP附錄9 B-4

bills 銀座連餐具也是一流水準

高質感的餐具使用有田燒及人氣西餐餐具品牌「Richard Ginori」等。除了餐點口味以外，也不妨留意一下美麗的餐具。

以銀座高雅風格呈現的世界知名餐廳

bills 銀座 ‖銀座‖ビルズぎんざ

宛如海外高級飯店寬廣優雅的店面，除了顧及健康意識的午餐菜單之外，也可以享用銀座限定的下午茶套餐。

📞03-5524-1900　🏠中央区銀座2-6-12 Okura House 12F　🕐8:30〜22:00（飲品〜22:30）　㊡無休　🚇銀座站A13出口即到　MAP 附錄6 D-2

©Kouji Hanabuchi

1 碎切蔬菜沙拉2000円 2 四處擺放了藝術品的店內，座位間距也很寬敞 3 經典菜色帕芙洛娃蛋糕1430円 4 除了帕馬森起司炸雞排之外，小盤料理等晚餐菜色也很豐富

帕馬森
起司炸雞排
2600円

烤干貝佐
法羅麥與
舞菇的奶油燉飯
3200円

在表参道小巷裡出現
非比尋常的度假空間

CICADA ‖表参道‖シカダ

綠意豐饒的露天座位區和充滿亞洲神祕氣息的水池，以及採用歐洲殖民地風格的充滿度假感的空間極具魅力。可以品嘗到西班牙和摩洛哥等環地中海料理。

1 人氣燉飯也可以選擇作為套餐的主菜 2 摩洛哥風薄荷茶780円

📞03-6434-1255　🏠港区南青山5-7-28　🕐11:30〜15:00、17:30〜21:30　㊡無休　🚇表参道站B3出口即到　MAP 附錄8 E-3

3 溫熱的法芙娜巧克力蛋糕與巧克力義式冰淇淋1100円 4 高雅的室內裝潢 5 很受歡迎的池畔座位

CICADA的池畔到了晚上會點燈，更增添度假氛圍。

品嘗讓人欲罷不能的
正宗亞洲美食

台灣、韓國、中國、香港、泰國等，集結了亞洲各國豐富美食的東京，
從熟悉的經典款料理到有點變化的改良版料理，
以旺盛的食慾為護照，來趟餐桌上的亞洲之旅吧。

滿滿豬肉的
台灣餛飩是絕品

also ‖八重洲‖ オルゾー

文京區白山的人氣餐廳於2023年3月在東京中城八重洲開店了。以滿滿豬肉、口感十足的台灣餛飩為始，可以品嘗到台灣美食與多種精釀啤酒。

☎080-4179-7948　🏠中央区八重洲2-2-1 東京中城八重洲2F　🕚11:00～23:00　㊡無休
‼🚇直達東京站地下樓層　MAP附錄6 F-2

台灣

將豬肉切成2種大小，在口感上下足工夫的台灣餛飩690円

耗費3小時煮得軟嫩Q彈的滷豬腳 520円

2

位於可自由用餐的「YAESU PUBLIC」區，充滿台灣夜市風情的店面

1

2

❶海鮮的鮮味與恰到好處的辣味讓人欲罷不能的豆腐鍋1210円（午餐時段為880円）❷軟嫩到不可思議的蜂巢五花肉1650円（1人份）

讓人想再三光顧的
韓國家庭料理

でりかおんどる ‖新大久保‖

韓國

即便是在韓國料理的激戰區新大久保也是首屈一指的人氣店。以午餐菜單價格合理又豐富多樣的菜色為傲。鍋物和韓式煎餅等單點菜色也很充實。週末最好先預約。

☎03-3205-5679　🏠新宿区百人町1-3-20 SKビル1F
🕙10:00～24:00　㊡無休　‼🚇新大久保站步行5分
MAP附錄3 C-2

可以輕鬆品嘗
台灣的路邊攤美食

日式台灣食堂WUMEI
‖八重洲‖ にっしきたいわんしょくどうウーメイ

台灣

「八重北食堂」的多國區域一角的台灣料理店。雖然為了合乎日本人的口味而有加以改良，但還是能品嘗到正統的台灣路邊攤美味。豐富多樣的台灣飲品也是魅力之一。

☎03-6665-7686　🏠千代田区丸の内1-9-1
GRANSTA八重洲北　🕚11:00～23:00　㊡不定休
‼🚇東京站八重洲北口剪票口即到　MAP附錄4 D-1

可以吃到許多甜甜鹹鹹的豬肉塊

以八角等香料煎煮的魯肉飯及招牌WUMEI水餃的魯肉飯套餐1250円

來自台灣的茶飲專賣店

在以珍珠奶茶發源店而廣為人知的「春水堂表参道店」裡，可以喝到奶茶、抹茶、豆乳等各式口味的珍珠奶茶。

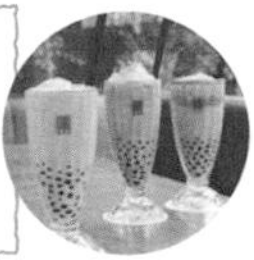

對身心有益的
絕品亞洲料理

中國

明天好好 ‖ 下北澤 ‖ ミンテンハオハオ

這是由米其林一星的上海中華料理店「MIMOSA」的主廚所監修的純素咖啡廳。不使用動物性食材，還有許多有益身體的植物基底菜色。

03-6452-3102 世田谷区下北沢3-19-20
11:00～20:00 休 不定休 私 小田急小田原線下北澤站東口步行4分 MAP 101

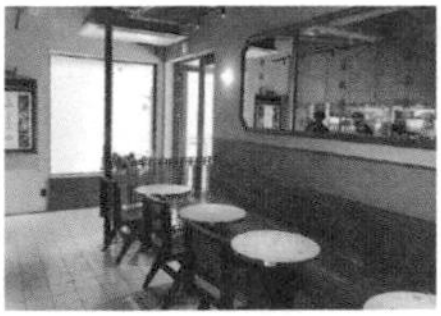

2022年轉移開幕後的店內呈現優雅沉穩的氛圍

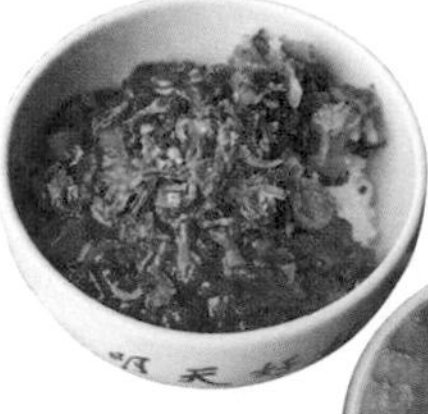

使用以植物性食材為原料的「OmniMeat」製作的魯肉飯900円

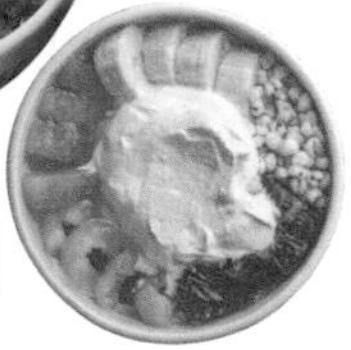

口感滑嫩的台灣代表性甜點水果豆花1000円

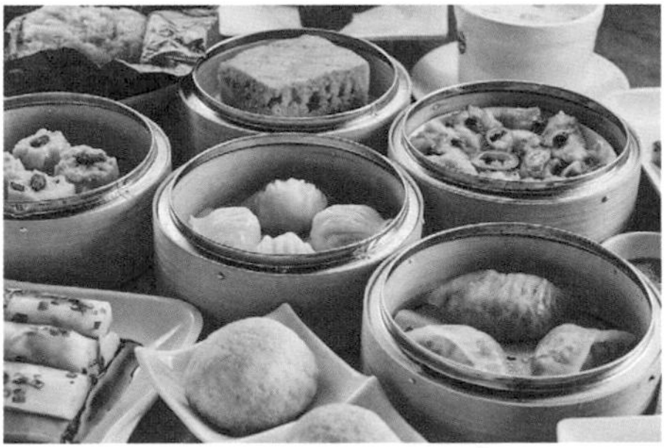

全部都想吃♪

點心有蒸物、炸物、米粉、春捲、粥、粽子、蔬菜、甜點等，可以吃到各式各樣的口味

在香港榮獲一星的
點心專賣店

香港

添好運 日比谷店

‖ 日比谷 ‖ ティムホーワンひびやてん

由三星餐廳的點心師傅擔任主廚，主打以合理價格就能品嘗一流口味的點心專賣店。由於不開放預約，門口經常大排長龍，來店時最好多預留一些時間。

03-6550-8818 千代田区有楽町1-2-2日比谷Chanter別館1F 11:00～22:00 休 無休 JR 有樂町站日比谷口步行5分 MAP 附錄7 C-1

又酸又辣的
伊善料理

泰國

SOMTUM DER ‖ 代代木 ‖

ソムタムダー

從泰國曼谷開始並於全球展店的泰式料理店。在充滿刺激的辣味與酸味中，可以感受到香料的香氣與數種食材組合而成的美味，呈現濃郁而富有層次的口味。

03-3379-5379 渋谷区代々木1-58-10 松井ビル1F
11:30～14:15、17:00～22:00（週日、假日為～21:30）
休 無休 JR 代代木站北口步行3分 MAP 附錄16 B-4

1
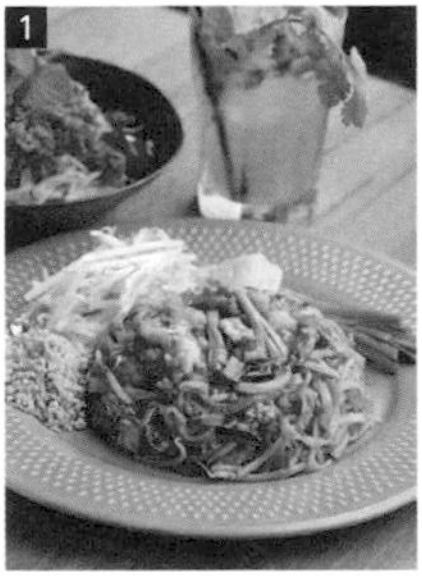

2
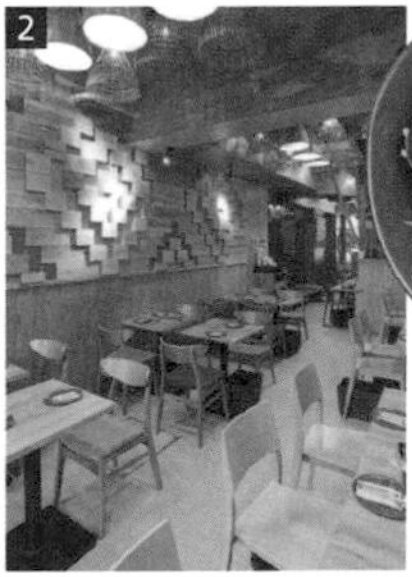

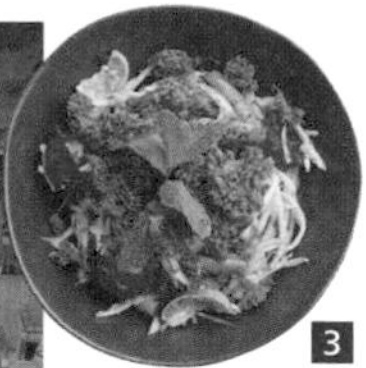
3

1 炒鮮蝦河粉1518円與香菜莫西多935円
2 室內裝潢也很時尚
3 炸鯰魚沙拉1408円

添好運全品項皆可外帶。以奶酥外皮包裹叉燒內餡的酥皮焗叉燒包3個780円也很受歡迎。

前往以講究的香料為關鍵
咖哩 or 餃子的人氣店家

對身體溫和並讓味道香氣更醇厚的香料。下面要介紹以獨到的香料用法
贏得眾多粉絲支持，目前在東京極受矚目的2家女性店長掌廚的店家。
充滿原創性的口味，讓人不禁一吃上癮。

魯珈特餐

可以讓咖哩的辣味
變得柔和的飲料

1 加了小豆蔻等，帶有柔和甜味
的印度奶茶300円
2 迷你咖哩各種口味300円。每
週更換的咖哩也可以嘗鮮一下

以香料煮得甜甜的豬五花做成魯肉飯，再淋上自選咖
哩的魯珈特餐1050円

對身體
很溫和的
香料咖哩喔

年輕迷人店主製作的人氣咖哩

SPICY CURRY 魯珈

‖ 大久保 ‖ スパイシーカレーろか

2020年榮獲必比登推介的人氣咖哩店。經常備有4種咖哩，
以只有店主齋藤繪理知道的黃金比例進行調和，使用茴香、
肉桂、孜然等約10種香料交織出纖細獨特的風味，就算每天
吃也不會膩。

📞03-3367-7111 🏠新宿区百人町1-24-8
新宿タウンプラザビルBF-J ⏰11:00～15:00
（週二・三為11:00～14:00、17:00～20:00）
🈺週六・日、假日 🚉大久保站南口即到
MAP附錄3 C-2

3 由於供應數量有限，最好早
點來登記候位 **4** 2023年6月
搬遷至舊店隔壁的大樓。全部
座位皆改為吧檯座

「SPICY CURRY魯珈」除了雞肉和羊肉等經典
款咖哩以外，還有1～2種每週更換的咖哩。鯖
魚絞肉咖哩等特殊口味也頗受好評。

水餃定食

對身體溫和的
Q彈水餃

按田餃子 二子玉川店

‖二子玉川‖
あんだぎょうざふたこたまがわてん

店主按田優子發揮豐富的海外
經驗和飲食療法知識，製作出
充滿獨創性且營養豐富的料
理，非常受到歡迎。使用印度
什香粉做成的咖哩風味調味料
「味の要」，以及中華風味的
「薑味豆豉」等搭配水餃的3種
調味料也是人氣的祕密。

☎03-6447-9633 世田谷区玉
川3-13-7 柳小路南角1F 10:00
～21:30（週六・日、假日為9:00
～）無休 東急田園都市
線二子玉川站西口步行5分
MAP 附錄3 B-3

水餃定食1320円。水餃共有5種，是組
合了咖哩與紅蘿蔔等食材的特殊口味

使用薏仁製作的水餃皮，厚實有
嚼勁

以濃郁香料做成
充滿刺激的口味

1使用了柳橙、肉桂、肉豆蔻、丁香等做成的自製可樂（特
大）880円 2以女性工作人員為主的廚房 3煮過的木耳
口感極佳的木耳飯1100円 4明亮而寬敞的店內 5也可以
購買店家自製調味料1瓶540円

按田餃子的自製調味料加入了發酵黑生薑，也是下飯良伴。

在東京想做的事／以香料為關鍵的人氣店家

讓身體由內而外變美
有大量蔬菜的餐點

外食可以吃到大量蔬菜是很讓人高興的事。
下面要介紹可以吃到健康美味又有助於美容的
健康餐點的店家。

經典雞肉凱薩沙拉1295円。
可以吃到蘿蔓萵苣、炙烤雞肉、
帕馬森起司、番茄等蔬菜

可以吃到
各種蔬菜的
特製蔬菜午餐1890円。
數量限定

有15種蔬菜
在口中彈奏出和諧樂章的
蔬菜三明治1650円

將沙拉作為一道料理來品嘗

CRISP SALAD WORKS
惠比壽

‖惠比壽‖クリスプサラダワークス
えびす

可以從蘿蔓萵苣、菠菜、菰米中選
擇基底和4種配料，再以特製刀子將
蔬菜切碎。能將沙拉作為一道完成
的料理來品嘗。

☎03-6721-6725
🏠渋谷区恵比寿3-29-16 1F 🕚11:00～
21:00 🈺不定休 🚃惠比壽站東口步行
5分 MAP 附錄10 B-3
📍這裡也有分店
青山、六本木新城、澀谷、代官山等

以蔬菜為主角，對身體溫和的料理

HATAKE CAFÉ

‖新宿‖ハタケカフェ

以「對身體溫和的料理」、「療
癒」為宗旨，推出使用大量當季蔬
菜做成的義大利麵和冰沙等，有許
多健康餐點。也有沙發座位可以輕
鬆地用餐。

☎03-5925-8220 🏠新宿区新宿3-14-1
伊勢丹新宿店本館B2F 🕚10:30～19:30
🈺不定休 🚃新宿三丁目站B4出口即
到 MAP 附錄16 C-3

可以拍出美照的剖面圖

& sandwich.

‖新宿御苑前‖アンドサンドイッチ

從市場每日進貨的蔬菜，講究現
切、現夾、現烤的鮮度，搭配美味
的麵包和自由選擇的自製醬料，可
以盡情享受蔬菜原本的美味。

☎03-6709-9455 🏠新宿区新宿1-5-7 ス
キラ御苑1F 🕚9:00～16:00 🈺週一（逢
假日則翌日休）🚃新宿御苑前站1號出
口即到 MAP 附錄3 C-2

自然風格的店內充滿居家氣息

以身處田中央為意象的店內裝潢

店內可以欣賞綠意豐富的新宿御苑

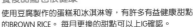

使用有益身體的食材製作，可以吃到3種沙拉的沙拉拼盤1430円

三菜一湯2200円
（週六·日·假日有附前菜2700円）。
主菜為豆腐料理的定食

有豐富食材、分量滿點的
蔬菜鮭魚三明治（左）1060円
水果三明治（右）630円

自然的日常餐點很受歡迎
ROSE BAKERY
丸之內

‖丸之內‖ローズベーカリーまるのうち

來自巴黎的咖啡館，由英國人Rose Carrarini夫婦營運。以蔬菜為中心的料理，使用簡單的做法發揮食材原本的風味。對身體溫和的甜點也很受歡迎。

☎03-6810-0212 🏠千代田区丸の内2-1-1 明治安田生命ビル1F ⏰11:00～19:00 🈳無休 🍴🚉東京站丸之內南口步行5分 MAP 附錄5 C-2

📢這裡也有分店
銀座

位於面對丸之內仲通的大樓裡

嚴選食材的純素餐點
BROWN RICE
Tokyo Omotesando

‖表参道‖ブラウンライス トウキョウオモテサンドウ

可以吃到發揮日本古來的食的智慧，有益身心的純素和食。盡可能使用無農藥栽培的食材，來自日本各地的契約農家每天鮮送。調味料也是自家手作的。

☎03-5778-5416 🏠渋谷区神宮前5-1-8 1F ⏰11:30～17:00（飲料為～17:30）🈳第1週二 🍴🚉表参道站A1出口即到 MAP 附錄8 E-2

可以放鬆享受餐點的空間

使用講究的嚴選食材
MARUICHI BAGEL

‖白金高輪‖マルイチベーグル

只使用日本產小麥、天然酵母、西西里鹽等嚴選食材製作而成的Q彈口感人氣貝果。不使用砂糖和添加物，可以吃到自然的甘甜風味。

☎無 🏠港区白金1-15-22 ⏰7:00～15:00（三明治點餐8:00～）🈳週一 🍴🚉白金高輪站4號出口即到 MAP 附錄3 C-3

也可以在店前的長椅上享用

在東京想做的事／有大量蔬菜的餐點

貝果是不含雞蛋和牛乳的健康食品。MARUICHI BAGEL連砂糖也不用，更加健康。

前往話題名店的餐酒館
享受美味非凡的晚餐

在行人來來往往、位於東京都心的人氣地區，
有許多連美食家也點頭稱讚的餐酒館。
在舒適的空間裡享受美味非凡的晚餐吧！

Menu

大蒜蛋黃醬全餐　　2500円

鮪魚後頸肉　　　　900円

2 使用油脂豐富的稀少部位鮪魚腦天肉
3 店面乍看很狹窄，但裡面有寬闊的空間

1 槍烏賊、蝦子、貽貝、蔬菜搭配自製的大蒜蛋黃醬

4 店內的室內設計和裝潢讓人聯想到馬賽的漁港
5 推薦菜色請看黑板

毫不做作地用手拿著吃的法式料理

Äta ‖代官山‖アタ

能夠吃到各式海鮮的大盤料理搭配種類豐富白酒的餐酒館。可以用手捲起來或是搭配沾醬，豪邁地享用法式料理。葡萄酒單中也有店主老家經營的新潟CAVE D'OCCI酒廠的葡萄酒。

📞03-6809-0965
🏠渋谷区猿楽町2-5 1F
🕐17:00〜翌日0:00
🈺週日 🚉東急東橫線代官山站西口步行7分 MAP 附錄10 C-1

讓人想再次光顧的人氣店

Aminima ‖神宮前‖アミニマ

到2020年連續4年獲得必比登推介的名店。使用當季食材，講究食材本味，可以吃到精心調理、口味樸實的法式家庭料理。

☎03-6804-2846 🏠渋谷区神宮前2-5-6 アマデウスハウス1F ⏰17:00～22:30 🈺週日 🚇外苑前站3號出口步行7分 MAP 附錄18 D-2

1常客經常點的三道菜。鴨腿肉的外皮酥脆，非常美味 2店內的氣氛悠閒放鬆

Menu

鯖魚抹醬麵包　1320円

農園採摘蔬菜拼盤S 1430円

油封鴨腿肉 3190円

3從開幕當時就有客人熱烈要求店主列入固定菜色中的布丁880円 4私廚風格的外觀，紅色大門就是標記

舒適的Neo Bistro

PATH ‖富谷‖パス

簡單而時尚的店內可以是咖啡館，也可以是餐酒館，配合使用者呈現出不同的風情。晚餐推薦的是使用正統法式料理手法卻又不過於刻板，在價位上也能輕鬆享用的套餐。

☎03-6407-0011 🏠渋谷区富ヶ谷1-44-2 A-FLAT 1F ⏰8:00～13:00、18:00～22:00 🈺早餐、午餐為週一・二，晚餐為週日・一 🚇代々木公園站1號出口步行5分 MAP 附錄17 C-3

1 2宛如藝術作品的裝盤。料理內容會有變更

Menu

晚餐全餐 7道 9800円

3店內夜間燈光不會過於明亮 4由二星法式料理名店出身的料理人與甜點師傅共同完成的全餐

如果是愛酒人士，PATH的晚餐全餐再加5940円就能享用餐酒搭配套餐。

品嘗溫和的口味
享用寧靜和食

使用當季食材精心製作的和食，仍是一種令人放心的味道。
懷石料理、京都風家常菜，以及壽司等等種類多樣。
美味就不用說了，這裡為您介紹也能大飽眼福的和食店家。

明治時期建物風情的串炸店
くし・あげ・どころ はん亭
‖根津‖くしあげどころはんてい

明治時期建造的全檜木建築。3層樓饒富
風情的建築物是根津的象徵。菜單有12
種串炸搭配2道酒菜及生蔬菜5060円〜。

菜單	
午餐	3520円
晚餐	5060円〜

串炸 📞03-3828-1440 🏠文京區根津2-12-15 🕚11:30〜14:00、17:00〜
22:00 🈺週一（逢假日則翌日休）🚶🚇根津站2號出口即到
MAP附錄13 B-2

1建築物已被指定為登錄
有形文化財
2串炸肉、魚、蔬菜等各
種食材

充分溶出肉類鮮味的割下湯汁淋在飯上也很好吃

菜單	
牛鍋1人份	3160円〜
白飯、醬菜、味噌湯	各320円

位於淺草ひさご通
り商店街。提燈及
暖簾就是標記

守護文明開化口味的和牛鍋
米久本店
‖淺草‖よねきゅうほんてん

1886（明治19）年創業。可以吃到高級和牛與甜鹹
「割下」湯汁絕妙搭配的美味牛鍋。為了不讓肉的風
味流失，用較少的割下醬汁炊煮就是美味的祕密。

牛鍋 📞03-3841-6416 🏠台東區淺草2-
17-10 🕛12:00〜20:00 🈺週三（逢假日則
營業）🚶🚇筑波快線淺草站A1出口即到
MAP附錄12 A-1

華麗的原創壽司卷
SHARI THE TOKYO SUSHI BAR
‖銀座‖シャリザトウキョウスシバー

位在銀座2丁目的大樓8樓，隱匿的創作和食名
店。可以用合理的價格享用外觀和口味都讓人滿
足的壽司卷。也有沙發和櫃台座位，可以視情況
使用。高雅的空間可以度過優質的片刻時光。

創作和食 📞050-3138-4665 🏠中央區銀座2-4-18
ALBORE GINZA大樓8F 🕚11:30〜14:30、17:30〜21:30
🈺週一 🚶🚇銀座一丁目站5號出口即到 **MAP**附錄6 E-2

菜單	
松花堂SHARI御膳	
	2500円
花籠膳	3500円

1也有壽司卷的華麗SHARI御膳1800円
2在時尚的空間裡享用充滿季節感的和食

〈し・あげ・どころ〉はん亭的新丸大樓店，能從將近正對面的方向看見東京車站丸之內站舍。可以一邊眺望美麗的建築物，一邊品嘗串炸。

佇立在石板小巷的餐廳
神樂坂おいしんぼ 本店
‖神樂坂‖かぐらざかおいしんぼほんてん

沿著充滿風情的石板小巷蓋的餐廳。完整保留舊日式高級餐廳的風情，店裡可以享用採購自日本各地的當季食材，展現廚師手藝的和食。午餐時間則有划算的懷石全餐料理。

菜單

平日限定午御膳	1000円～
午御膳京天	2800円
午間全餐兵庫	4000円

和食餐廳 ☎03-3269-0779 ⏱新宿區神樂坂4-8 🕐11:30～14:00、17:00～22:00 無休 JR飯田橋站西口步行9分 MAP附錄15 B-1

■也有適合少人用餐的包廂和吧檯座
■使用大量豆皮和生麩，能夠盡情品嘗豆皮的「京舞」御膳2300円

菜單

天婦羅御飯（天婦羅、白飯、味噌湯、醬菜）午餐 6600円～晚餐13200円～
低醣天婦羅全餐（需預約）17600円

可以細心品味由熟練的職人在眼前現炸的天婦羅

使用當季食材的天婦羅御飯其中一盤

飄散濃郁麻油香氣的天婦羅老鋪
てん茂 ‖日本橋‖てんも

1885（明治18）年創業的江戶前天婦羅老鋪。店主每天前往豐洲採購從東京灣撈上來的當季鮮魚。以100%麻油油炸的天婦羅，酥脆的口感非常美味。

天婦羅 ☎03-3241-7035 ⏱中央區日本橋本町4-1-3 🕐12:00～14:00、17:00～20:00（至少需於前一天預約）週日、假日、8月的週六 JR新日本橋站4號出口即到 MAP附錄4 E-1

想吃美味的魚時就要來這裡
割烹酒亭 三分亭 ‖日比谷‖かっぽうしゅていさんぶんてい

從豐洲和日本全國各地採購，全為野生的天然魚貨。用合理價格吃到使用高價魚種做成的正統割烹料理而大受好評。午餐除了有天然鯛魚的茶泡飯套餐之外，也可以吃到琉球丼御膳等。

魚料理 ☎03-6811-2381 ⏱千代田區有樂町1-1-2 東京中城日比谷3F 🕐11:00～14:00、17:00～22:00 以設施為準 日比谷站A11出口即到 MAP附錄7 C-1

菜單

琉球丼御膳 1500円
炭烤仙台牛舌御膳 2900円

有寬敞座位區的店內

西京燒御膳1700円

SHARI THE TOKYO SUSHI BAR的綜合壽司捲，只要一天之前預約就能外帶。

前往充滿個性的複合設施和百貨公司尋找最新伴手禮

集結了許多有個性的大樓和百貨公司的市中心。
難得要購買伴手禮，不妨到品項豐富的大樓和百貨公司裡選購，
讓對方收到時驚呼「第一次看到！」吧。

PRESS BUTTER SAND

焦糖奶油夾心餅乾
5塊裝1107円
酥脆的餅乾中夾入濃郁奶油內餡與口感滑順的奶油焦糖，做成2層的奶油夾心餅乾

©SHIBUYA SCRAMBLE SQUARE

SHIBUYA SCRAMBLE SQUARE

SHIBUYA SCRAMBLE SQUARE

2019年開幕的大規模複合設施。由於顧客多為對流行高度敏感的人，因此也開設了許多極受矚目的甜點店。

☎03-4221-4280（代表號）　⏱渋谷区渋谷2- 24-12 🕙10:00～21:00（餐廳為11:00～23:00，最後點餐時間視店鋪而異）
🈺不定休 🚉直通・直上渋谷站
MAP 附錄9 C-4

GATEAUX DE VOYAGE
6塊裝(6種) 2160円
由法國傳奇主廚ALAIN DUCASSE開設的巧克力專賣店所推出的日本限定綜合餅乾

ÉCHIRÉ P TISSERIE AU BEURRE

艾許奶油費南雪、艾許奶油瑪德蓮
5顆裝禮盒2052円
使用大量艾許奶油製成的2種人氣烘焙點心。能盡情享受食材的美味，也很適合作為伴手禮

LE CHOCOLAT ALAIN DUCASSE

伊勢丹新宿店 ISETAN SHINJUKU TEN

HOLLANDISCHE KAKAO-STUBE

瑪格麗特蛋糕 2376円
由老字號的德國糕餅鋪所製作的傳統糕點。是做成瑪格麗特花朵形狀的可愛甜點

noix de beurre

費南雪(5顆裝) 1512円
烘烤過的杏仁粉與焦化的日本產發酵奶油，散發蔗糖香氣的費南雪禮盒

AND THE FRIET

GIFT BOX MINI 10PACKS
2600円

有「雙倍松露鹽」等共5種口味的時尚綜合禮盒。洋芋片的酥脆口感讓人欲罷不能

GINZA SIX

GINZA SIX

GINZA SIX

集結了世界知名的甜點店,是銀座最大的複合商業設施。除了和菓子、西點以外,還有許多充滿魅力的商品。

☎03-6891-3390 🏠中央区銀座6-10-1
🕙10:30～20:30 (餐廳、咖啡廳為11:00～23:00,視店鋪而異) 🈺不定休
🍴🚇銀座站A3出口即到 📍附錄7 C-3

ISHIYA G

Saqu LANGUE DE CHAT Assort
30片裝3456円

口感酥脆輕盈、入口即融的貓舌餅乾。有北海道起司和焦糖等6種口味

KUGENUMA SHIMIZU

銀座限定幸
3456円

有招財貓、鈴鐺、不倒翁、四葉幸運草等,共有7種可愛吉祥物造型的最中綜合禮盒。外皮和內餡為分開放置

Fika

Hallong Rottle
(草莓)
10片裝 1188円

由果醬和軟餅乾組合成的北歐糕點。帶有溫暖感覺的設計禮盒很受歡迎

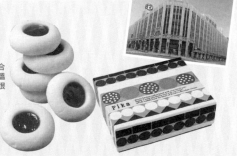

伊勢丹新宿店

作為新宿購物的流行景點,長久以來人氣不墜的百貨公司。從傳統店鋪到新開店鋪,各類型的甜點店都集結於此。

☎03-3352-1111 (代表號) 🏠新宿区新宿3-14-1 🕙10:00～20:00 (視店鋪、季節而異) 🈺不定休 🍴🚇新宿三丁目站B4出口即到 📍附錄16 C-3

伊勢丹新宿店除了有傳統甜點和季節甜點之外,也有許多伊勢丹限定商品。

購買能當成畢生珍藏的
傳統工藝品

在傳承江戶歷史至今的傳統工藝品當中，
也有許多能融入現代生活的物品。
美觀堅固又耐用，請務必要購買這種能用一輩子的物品。

雪花 刨冰杯 藍
1980円

冷茶古代色 雪花
1650円

廣田硝子
‖錦糸町‖ ひろたがらす

1899（明治32）年創業的老字號
玻璃店。有復古摩登的設計別
有風情的玻璃容器，和使用大正
時代的「炙出」技法的玻璃製品
等，將古早的好東西配合現代加
以改良的商品極具魅力。

和風玻璃

☎03-3623-4145（すみ
だ和ガラス館）🏠墨田
区錦糸2-6-5 墨田和風
玻璃館
🕐11:00～17:00
🈺週日・一
🍴JR錦糸町站北口即到
MAP附錄2 E-2

髮梳S型
特級黑豚毛7700円

手工植毛衣物刷
「別誂」19800円

江戶屋
‖日本橋‖ えどや

1718（享保3）年由德川將軍
家賜予屋號而創業的老鋪。
使用對人體溫和的天然素
材，以職人技法所製成的刷
子，是用越久越能感受到其
優點的講究逸品。

刷毛 ☎03-3664-5671

🏠中央区日本橋大伝馬
町2-16 🕐9:00～17:00
🈺週六・日・假日
🍴小傳馬町站3號出
口步行5分
MAP附錄4 E-1

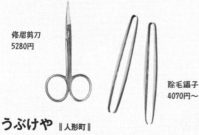

修眉剪刀
5280円

除毛鑷子
4070円～

うぶけや
‖人形町‖

1783（天明3）年創業的刃具
專賣店。熟練的工藝師親手製
作的刃具類，有菜刀、剪刀、
指甲刀等約300種。尖端可以
緊貼密合的除毛鑷子，是專業
化妝師也讚不絕口的商品。

刃具 ☎03-3661-4851

🏠中央区日本橋人形町
3-9-2 🕐9:00～18:00
（週六為～17:00）🈺週
日、假日 🍴人形町站
A4出口即到
MAP附錄4 F-1

手巾 1100円～

包袱巾 770円～

かまわぬ代官山店
‖代官山‖ かまわぬだいかんやまてん

從江戶時代的古典圖樣，到
時髦的現代圖樣，共販售約
250款圖樣的手巾專賣店。可
以當作室內裝飾或代替圍巾
等，有各種用途也是其魅力。

手巾

☎03-3780-0182
🏠渋谷区猿楽町23-1
🕐11:00～19:00（週日為～
18:00）🈺週二 🍴東急東
橫線代官山站北口步行3分
MAP附錄10 B-1

三角袋1650円

江戶型意匠一筆箋
各440円

竹仙 ‖日本橋‖ちくせん

1842（天保13）年創業,以販售職人手作的江戶碎花、浴衣為主的綢緞店。以四季風物、吉祥物、傳統圖案等作為主題的包袱巾、布巾、一筆箋等都很美麗。

綢緞　☎03-5202-0991
🏠中央区日本橋小舟町2-3　🕘9:00～16:00
🈲週六・日・假日（4到7月的週六有營業）🚃三越前站A1出口步行6分　MAP附錄4 E-1

畚箕(小)1320円

畚箕用
普通小掃帚
1430円

白木屋傳兵衛商店 ‖京橋‖しろきやでんべえしょうてん

從1830（天保元）年傳承至今的掃帚專賣店。也有的掃帚是用在祭神儀式的器具,兼具美觀與實用性。在生活中善用也是環保清潔道具的掃帚吧。

江戶掃帚
☎03-3563-1771　🏠中央区京橋3-9-8 白伝ビル1F　🕘10:00～19:00
🈲週日　🚃寶町 站A3出口即到
MAP附錄6 F-3

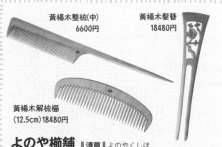

黃楊木整梳(中)
6600円

黃楊木髮簪
18480円

黃楊木解梳櫛
(12.5cm)18480円

よのや櫛舖 ‖淺草‖よのやくしほ

代代相傳的黃楊木梳專賣店。用鹿兒島縣指宿出產黃楊木為原料,由職人手作完成的髮梳,不易產生靜電或摩擦生熱,好梳好用。

梳子
☎03-3844-1755
🏠台東区浅草1-37-10　🕘10:30～17:00　🈲週三
🚃淺草站6號出口步行5分　MAP附錄12 B-2

純銅佐料磨泥器 蕪菁
2200円

本目立 純銅磨泥器
#8 2530円

日本橋木屋本店 ‖日本橋‖にほんばしきやほんてん

從1792（寬正4）年起就販售以菜刀為主的刀具和生活用具。除了有原創和進口的菜刀、磨泥器和廚房剪刀等調理器具也很多,都是讓人想長久使用的人氣用品。

菜刀　☎03-3241-0110
🏠中央区日本橋室町2-2-1COREDO室町1F　🕘11:00～19:00（週六・假日為10:30～）　🈲無休　🚃直通三越前站A6出口　MAP附錄4 E-1

日本橋木屋除了調理用具之外,指甲剪和甘皮剪等美容用品也很豐富。

購買暖心的和菓子
作為伴手禮

東京有許多傳統的菓子店，或是備受當地人喜愛的和菓子店等
大家熟悉的店家。由職人巧手製成的外觀美麗、
風味柔和的和菓子，每一種都很適合當作伴手禮。

可愛的富士山和花朵干菓子
銀座菊廼舍
‖銀座‖ぎんざきくのや

登錄商標 富貴寄 特撰罐
JAPAN(小) 2700円

這是創業130年的老舖江戶和菓子店的傳統果子富貴寄。有和三盆糖的富士山、還有多采多姿地表現出日本四季的干菓子與金平糖。

和菓子 📞03-3571-4095
🏠中央区銀座5-9-17 銀座あづまビル1F ⏰9:30～18:00（週六・日、假日為～17:30）休週三 🚶🚇銀座站A4出口即到
MAP附錄7 C-3

就算排隊也想買的銅鑼燒
淺草雷門 龜十
‖淺草‖あさくさかみなりもんかめじゅう

龜十特製銅鑼燒
1個390円

創業90多年的和菓子店所做的人氣銅鑼燒。鬆軟的外皮夾著使用十勝產紅豆精心熬煮的內餡。最好在開店前就儘早前往排隊。

銅鑼燒 📞03-3841-2210 🏠台東区雷門2-18-11 ⏰10:00～19:00 休不定休（每月1次左右）
🚶🚇淺草站2號出口即到 MAP附錄12 B-3

人氣伴手禮的代表商品
傳統的最中務必要預約
空也
‖銀座‖くうや

空也最中(10個裝)
1200円

在夏目漱石的《我是貓》中也有登場的知名最中，人氣極高，不預約買不到。焦香的餅皮加上自製的紅豆內餡所做成的最中，可以吃到高雅的甜味。

最中 📞03-3571-3304 🏠中央区銀座6-7-19 空也ビル1F ⏰10:00～17:00（週六為～16:00）休週日、假日
🚶🚇銀座站B5出口步行5分 MAP附錄7 C-2

可愛的鳥型迷你最中
言問糰子
‖向島‖ことといだんご

言問最中(都鳥型最中)
1個320円

有向島三大和菓子之稱的「言問糰子」。這是以高雅的3色糰子聞名的本店另一項人氣糕點。夾有紅豆餡和白餡的可愛鳥型最中要預約才能購買。

和菓子 📞03-3622-0081
🏠墨田区向島5-5-22 ⏰9:00～17:00 休週二 🚶🚋東武晴空塔線曳舟站西口步行12分
MAP附錄2 E-1

考慮送禮的貼心和菓子

菊廼舍的富貴寄除了有櫻花、正月等表現季節和活動的季節限定品之外，還可以在上面寫上賀詞。

誕生於元祿年間
大有來歷的蒸菓子
萬年堂 本店

‖銀座‖まんねんどうほんてん

御目出糖（8個裝）
2441円

在紅豆餡中加了糯米粉等米粉混合成鬆散狀，再放上蜜漬大納言紅豆做成的蒸菓子。軟Q口感越嚼越能吃出甜味。

和菓子 ☎03-6264-2660
⌂中央区銀座7-13-21 1F ⏰11:00〜18:00
休無休 🚇東銀座站A1出口步行3分
MAP附錄7 B-3

呈現地瓜原本風味的地瓜羊羹
舟和本店

‖淺草‖ふなわほんてん

以蜜豆元祖而廣為人知的舟和。使用地瓜和砂糖及少量的鹽製作而成的地瓜羊羹，可以吃出高雅的甜味和地瓜的風味，滑順口感非常受歡迎。

地瓜羊羹／1條173円
豆沙球／1顆98円

和菓子 ☎03-3842-2781 ⌂台東区浅草1-22-10
⏰10:00〜19:00 休無休
🚇浅草站6號出口步行5分 MAP附錄12 B-3

由2位和菓子職人
創作的全新和菓子
wagashi asobi

‖長原‖ワガシアソビ

開在當地人喜愛的商店街中的和菓子小店。販售2位和菓子職人創作的果乾羊羹、香草落雁和勝在中。

果乾羊羹
1條2500円

和菓子 ☎03-3748-3539 ⌂大田区上池台1-16-2 ⏰10:00〜17:00 休週日・不定休 🚇東急池上線長原站即到 MAP附錄3 C-3

以薄皮包裹紅豆餡的金鍔
德太樓

‖淺草‖とくたろう

金鍔
1個150円

1903（明治36）年創業以來備受當地人喜愛的老鋪。將顆粒紅豆餡以薄皮包裹而成的金鍔，是能吃到外皮香氣與北海道產紅豆風味的人氣產品。

金鍔 ☎03-3874-4073 ⌂台東区浅草3-36-2
⏰10:00〜17:00 休週日 🚇浅草站6號出口步行15分 MAP附錄12 B-1

萬年堂的「御目出糖」由於外觀看起來像紅豆飯，因此從明治中期起就被當成是貴重的喜慶祝賀菓子。

在回程的車站或機場購買東京伴手禮

周遊東京時如果沒時間買伴手禮，
或是忘記買的話也不用擔心。
在車站和機場都有許多精緻&美味的伴手禮。

新宿站・羽田第2航廈

Ⓓ Ⓗ **Butter Butler**
バターバトラー

奶油費南雪8塊裝2160円
榮獲第1屆JR東日本伴手禮大賞綜合排名第1的
人氣糕點。歐洲產發酵奶油的濃郁香氣，入口就
能感受與楓糖交織出的和諧美味

東京站

Ⓐ **富士見堂**
ふじみどう

東京鈴仙貝
30袋裝2500円
從麵團開始就極為講究，
是發揮米和食材原本風
味的仙貝。模仿會合的知
名地標「銀之鈴」的造型，
有4種口味

COCORIS

Ⓐ **COCORIS**
ココリス

東京站

榛果與覆盆子
夾心餅乾
6片裝1560円
濃郁榛果醬與酸甜風
味的覆盆子醬，以西班
牙產牛奶巧克力包裹
後再夾入餅乾裡

東京站

Ⓐ **東京ミルクチーズ工場**
とうきょうミルクチーズこうじょう

東京站丸之內站廊
餅乾禮盒
20片裝2592円
有海鹽&卡門貝爾起司餅乾和
蜂蜜&古岡左拉起司餅乾2種
口味的東京站限定品。濃郁滋
味超好吃

N.Y.焦糖夾心餅乾 4片裝648円
芳香的奶油餅乾裡夾了濃
稠的焦糖醬。搭配出的絕
妙美味讓人再三回購
※羽田機場販售的是羽田限
定包裝

羽田第1・第2航廈

Ⓔ Ⓕ Ⓖ Ⓗ **東京ばな奈**
とうきょうばなな

東京芭娜娜長崎蛋糕
楓糖味「見いつけたっ」
4顆裝734円
散發淡淡香蕉味的道地長崎
蛋糕，楓糖口味的粗糖粒有
提味效果，讓風味更加醇厚

Ⓐ **nuevo by BUNMEIDO**
GRANSTA東京店
ヌエボバイブンメイドウ
グランスタとうきょうてん

東京站

列車長崎蛋糕
4塊裝1512円
這是鬆鬆軟軟、大小方便一次吃完
的長崎蛋糕。歡樂的外盒上有電車
車窗的插圖

東京站・羽田第1・第2航廈

Ⓑ Ⓕ Ⓖ Ⓗ **N.Y.C.SAND**
ニューヨークシティサンド

以車站大廳為主題的限定品
東京站有許多以懷舊復古的丸之內站廳為主題的甜甜圈、巧克力、餅乾等各式各樣的伴手禮。

ぎんざ空也 空いろ 品川站
ぎんざくうやそらいろ

空色 星(帶皮紅豆泥) & 餅乾1298円
這是使用嚴選素材,不添加防腐劑,細心製作而成的紅豆抹醬與湯匙造型的餅乾搭配而成的禮盒。其他還有白腰豆、黃豆、顆粒紅豆等口味

atelier UKAI 品川站
アトリエうかい

花式餅乾禮盒小罐 2800円
打開鐵盒會看到7種色彩繽紛的美麗餅乾。口感和風味各異其趣,讓人不禁感動

楓糖奶油夾心餅乾 32片裝4000円
添加了楓糖的餅乾香氣濃郁,和作為夾心的奶油巧克力極為速配
※羽田機場販售的是羽田限定包裝

東京站
A Hitotsubu Kanro
ヒトツブ カンロ

蝴蝶脆脆軟糖BOX 6塊組
(GRANSTA東京店限定) 900円
外層酥脆,裡面卻濕潤Q彈,一次也可以吃到2種口感的軟糖。包裝也很時尚,是讓人高興的伴手禮

AUDREY
A E オードリー

東京站・羽田第1航廈

GLACIA
(牛奶) 8塊裝1296円
貓舌餅乾捲著奶香十足的內餡,再以紅色草莓作為點綴,做成有如花束可愛造型的甜點

The Maple Mania
A F G
ザ・メープルマニア

東京站・羽田第1・第2航廈

A GRANSTA東京 東京站
グランスタとうきょう

📞050-3354-0710 (JR東日本Cross Station)
🏠東京站內1F、B1F ⏰8:00~22:00 (週日、假日為~21:00) 🈳無休 MAP附錄4 D-2

B 大丸東京店 東京站
だいまるとうきょうてん

📞03-3212-8011(代) 🏠千代田区丸の内1-9-1
⏰10:00~20:00 🈳無休 MAP附錄4 D-2

C ecute品川 品川站
エキュートしながわ

📞03-3444-8910 🏠品川站內 1F ⏰8:00~22:00 (週日、假日為~20:30) 🈳無休 MAP附錄3 C-3

D NEWoMan新宿 新宿站
ニュウマンしんじゅく

📞03-5334-0550 (NEWoMan・LUMINE綜合電話客服中心) 🏠新宿未來塔剪票口內2F商業設施
⏰8:30~21:30 (週六・日、假日為~21:00)
🈳無休 MAP附錄16 B-4

E 特選洋菓子館 羽田第1航廈
とくせんようがしかん

📞03-5757-8127 🏠羽田機場第1航廈2F
⏰6:00~20:00 🈳無休 MAP附錄2 D-4

F 東京食賓館 E Gate前 羽田第1航廈
とうきょうしょくひんかんイーゲートまえ

📞03-5757-8133 🏠羽田機場第1航廈2F
⏰5:45~20:30 🈳無休 MAP附錄2 D-4

G 東京食賓館3號時鐘塔前 羽田第2航廈
とうきょうしょくひんかんとけいだいさんばんまえ

📞03-6428-8716 🏠羽田機場第2航廈2F
⏰5:45~20:30 🈳無休 MAP附錄2 D-4

H SMILE TOKYO 羽田第2航廈
スマイルトウキョウ

📞03-6428-8725 🏠羽田機場第2航廈2F
⏰5:45~20:30 🈳無休 MAP附錄2 D-4

在東京想做的事／在回程的車站或機場購買東京伴手禮

アトリエうかい的美麗餅乾是將集團的高級餐廳所提供的甜點加以改良而成的。

在個性十足的飯店住宿
加深旅行的回憶

光是走進大廳就能讓旅行的心情更加高昂……
像這類充滿精緻主題的飯店越來越多了。
來享受時尚休閒的東京旅宿吧。

Photo by Nacasa & Partners
1 宛如住家讓人放鬆的客房
2 櫃台旁邊有與設計相關的展示藝廊

享受滿是無印良品的夜晚
MUJI HOTEL GINZA
‖銀座‖ムジホテルギンザ

簡單、時尚、高品質。可以實際體驗被無印良品環繞的生活型態。同一棟大樓還有「無印良品 銀座」和餐廳「MUJI Diner」。

📞03-3538-6101 🏠中央区銀座3-3-5 6F
🕐IN15:00、OUT11:00 🚃T18、W49、其他房型12 🚉有樂町站中央口步行5分 MAP附錄6 D-2

Photo by Nacasa & Partners
3 4 一部分備品和家具可於店內購買

房型費用
TYPE A (小雙人床)
18000円～
TYPE C (大床)
34000円～

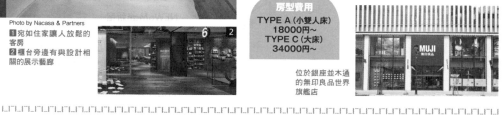

位於銀座並木通的無印良品世界旗艦店

享受非凡的藝術飯店
PARK HOTEL 東京
‖汐留‖パークホテルとうきょう

中庭挑高達30m、可看見天空的藝術飯店。26～34樓為客房樓層，樓層的迴廊都可鑑賞藝術品。飯店內經常展示400件藝術品，可以度過充滿藝術品味的夜晚。

📞03-6252-1100 (住宿預約專線) 🏠港区東新橋1-7-1 汐留媒體塔
🕐IN15:00、OUT11:00 🚃S45、T71、W154、無障礙房1 🚉新橋站汐留口步行7分 MAP附錄5 C-4

使用嚴選天然植物為原料的備品也很齊全

1 「Artist Room 綠」。有35種可以在藝術的包圍下入睡的房間
2 彷彿在美術館內用餐一樣。色彩繽紛的料理也是特色 **3** 客房樓層的走廊

房型費用
雙床房
55000円～
(2人1間·不附餐)

周邊導覽與在地體驗
「OMO」的導覽服務「OMO周邊嚮導」。會由親切的工作人員深度介紹附近的散步景點及美食等。

1 從整片的落地窗可以眺望壯觀的淺草街道
2 也有介紹當地飲食的活動

3 4 可以24小時自助購買食品和飲料的OMO Food & Drink Station

在東京想做的事 / 在個性十足的飯店住宿

房型費用
18000円～
(2人1間‧不附餐)

從窗戶就能看見淺草寺和五重塔，非常奢華

風雅地享受淺草
OMO3淺草
by 星野集團
‖淺草‖オモスリーあさくさ
バイほしのリゾート

開設於距離淺草寺步行1分鐘的場所，地點絕佳的飯店。飯店內每個地方都能眺望淺草寺和東京晴空塔，可以盡情享受東京之夜。

☎050-3134-8095（OMO預約中心）
🏠台東区花川戸1-15-5 ⏰IN15:00、OUT 11:00 🛏T72、其他房型26 🍴🗺淺草站7號出口步行4分 MAP附錄12 C-2

充滿品味的住宿書店
BOOK AND BED TOKYO SHINJUKU
‖新宿‖ブックアンドベッドトウキョウシンジュク

能度過被書本包圍的幸福時光的青年旅館。客房從多人房到單間，各種房型都很齊全。即使不住宿也能使用公共空間（1小時700円，至少需預約1小時）

1 簡潔的單人房 2 從漫畫到外文書，約有2500本不同領域的書籍

☎無 🏠新宿区歌舞伎町1-27-5 歌舞伎町APMビル8F ⏰IN16:00、OUT11:00、DAYUSE13:00～19:00 🛏S52、W2、高級房1 🍴🚉新宿站東口步行8分 MAP附錄16 B-3

也有附設咖啡廳。黑色冰拿鐵610円，雞肉三明治1100円

房型費用
單人房
6600円～
高級房
9900円～

「MUJI Diner」有豆腐工房，可以吃到以黃豆磨成豆漿後，加入海鹽與鹽滷製成的現做宮古島傳統湯豆腐。

羽田機場、成田機場
方便參考的航廈平面圖

台灣搭飛機到東京，主要使用的是羽田國際機場和成田國際機場。
2座機場內部，都有許多購物和用餐的地點。
在往返使用的機場裡，好好地享用東京吧。

羽田國際機場

距離東京中心區很近，交通極為便捷。2010年10月時，5層樓高的新國際線航廈啟用。仿江戶時代建築的購物區內，設有著名餐廳和伴手禮店，提供購物樂趣。機場內也有相當多元的免稅店，可以提早前往好好逛逛。

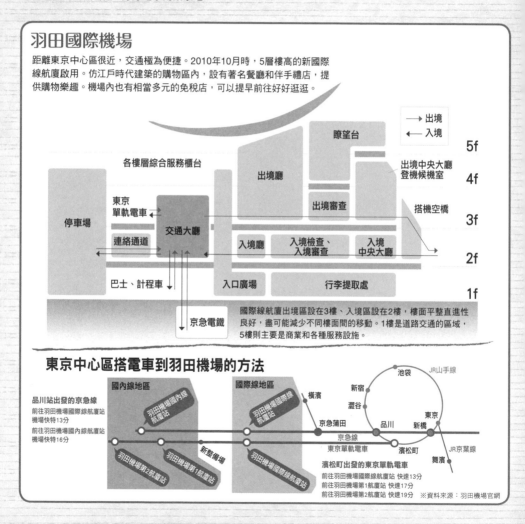

→ 出境
← 入境

瞭望台　5f

各樓層綜合服務櫃台　　出境中央大廳
登機候機室　4f

出境廳

出境審查　搭機空橋　3f

停車場　東京單軌電車　交通大廳　入境廳　入境檢查、入境審查　入境中央大廳　2f

連絡通道

巴士、計程車　入口廣場　行李提取處　1f

京急電鐵

國際線航廈出境區設在3樓、入境區設在2樓，樓面平整直進性良好，盡可能減少不同樓面間的移動。1樓是道路交通的區域，5樓則主要是商業和各種服務設施。

東京中心區搭電車到羽田機場的方法

品川站出發的京急線
前往羽田機場國際線航廈站
機場快特13分
前往羽田機場國內線航廈站
機場快特16分

國內線地區　國際線地區

羽田機場國內線航廈站
羽田機場國際線航廈站
羽田機場第2航廈站
羽田機場第1航廈站
羽田機場國際線航廈站
新整備場

池袋　JR山手線
新宿
橫濱
澀谷
京急蒲田　品川　東京
京急線　新橋
東京單軌電車　濱松町
舞濱　JR京葉線

濱松町出發的東京單軌電車
前往羽田機場國際線航廈站　快速13分
前往羽田機場第1航廈站　快速17分
前往羽田機場第2航廈站　快速19分　※資料來源：羽田機場官網

成田國際機場(第2航廈)

成田機場匯聚了各種商店和餐廳,有機場特有的旅行商品專賣店,以及販賣日本各地糕
點、雜貨等豐富多元的店家,還有免稅名牌專賣店「成田五番街」和「narita
nakamise」,提早辦妥出境手續後去逛逛也是極佳的選擇。另外,到瞭望台看飛機起降也
很有意思。

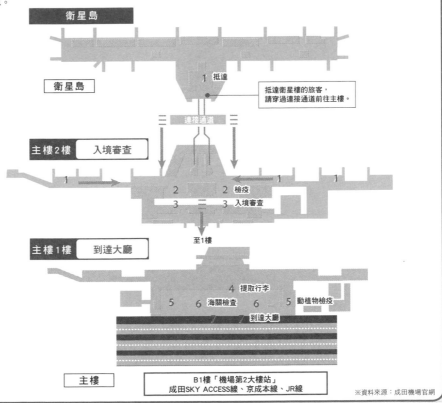

衛星島

衛星島

1 抵達

抵達衛星樓的旅客,
請穿過連接通道前往主樓。

連接通道

主樓2樓　入境審查

2　2 檢疫

3　3 入境審查

至1樓

主樓1樓　到達大廳

4 提取行李

5　6 海關檢查　6　5 動植物檢疫

到達大廳

主樓

B1樓「機場第2大樓站」
成田SKY ACCESS線、京成本線、JR線

※資料來源:成田機場官網

由機場到東京中心區除了電車之外,機場巴士也很方便。尤其是行李多時更是最佳選擇。

都內移動時使用地下鐵最方便
建議可購買超值的套票

JR、東京Metro、都營地下鐵都有販售各式各樣的一日乘車券。
可以省下每次買票的時間，相當方便。
善加運用坐越多就越划算的一日乘車券吧！

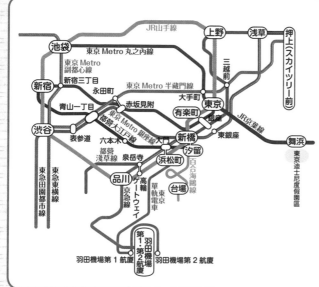

旅遊東京時的
便利路線大致如下

都內主要營運的電車有JR、東京Metro、都營地下鐵等3種。像在東京站或新宿站等互相可以換乘的車站雖然很多，但是使用時必須有各自的車票。首先要記住的路線是環狀營運的JR山手線，像是上野站、東京站、品川站、澀谷站、新宿站等旅客最常利用的車站都有相連。順時針方向稱為「外回」；逆時針方向稱為「內回」。除了左圖介紹的路線外，其他的路線就像棋盤般交錯，利用鐵道就幾乎能到想去的地方了。另外，不論是哪一條路線班次很多，不需要在意等車時間，非常方便。

	東京自由乘車券
◀	大人 1600 円
	孩童 800 円

幾乎網羅了都內所有移動方式

除了東京都內的JR線普通‧快速列車的普通車自由席之外，東京Metro、都營地下鐵、日暮里‧舍人線、都電、都巴士（深夜巴士除外）全線，都可以在當天之內無限搭乘的便利車票。

※在都內JR線的「指定席券賣機」也能購買。依購買場所不同票上的圖案也會不同。

販售場所 都內JR線各站（部分除外）、JR VIEW PLAZA、都營地下鐵各站、東京Metro各站（部分除外）等等

使用範圍！
●JR ●東京Metro ●都營地下鐵
●日暮里‧舍人線
●都巴士 ●都電

在羽田立刻能買到的方便票券
從羽田機場國內線廈站到泉岳寺站的單程車票，與都營地下鐵·東京Metro一日乘車券組成的套票——京急羽田·地下鐵共通PASS 1200日圓。可以在京急線的羽田機場國內線廈站購買。

卡片形式的預購票

東京 Metro 24 小時車票
大人 600 円
孩童 300 円

若要在一天內多次搭乘東京 Metro 時就很方便

為東京Metro全線自使用開始24小時內無限搭乘的車票。車票有卡片形式的預購票（照片）和車票形式的當日票2種，不論哪一種都可使用自動剪票口，非常方便。

使用範圍！
● 東京Metro

販售場所 車票形式的當日票可在各車站的自動售票機（部分除外）購買，6個月內一日有效的卡片形式預購票則可以在新宿、東京、上野等定期券售票處（部分除外）購買。

JR 線一日無限搭乘

JR線（只限都區內）的普通·快速列車的普通自由席可在一日內無限搭乘。只要支付特急車資也可搭新幹線（希望號除外）。若要在一天內搭乘多次山手線或中央線的時候就相當推薦。

販售場所 東京都內JR東日本主要車站的指定席售票機

東京都市地區通票
大人 760 円
孩童 380 円

使用範圍！
● JR

範本

都營地鐵·東京 Metro 地鐵通用一日券
大人 900 円
孩童 450 円

共通一日乘車券

範本

使用範圍！
● 東京Metro
● 都營地下鐵

卡片形式的預購票

最適合在漫遊下町時利用

都營地下鐵與東京Metro的全線一日內無限搭乘的車票。可在上野、淺草、兩國、銀座等下町地區自由移動，但要注意只有發行當日券，無法預購。

販售場所 車票形式的當日票可在東京Metro、都營地下鐵各站的售票機購買。6個月內一日有效的卡片形式預購票則可在東京Metro定期票售票處（部分除外）、都營地下各站內的辦事處（部分除外）購買。

旅行資訊 請參考以下網站

東京觀光（GO TOKYO）
東京觀光財團營運的官方觀光網站
HP www.gotokyo.org/jp/

Let's Enjoy TOKYO
提供餐廳、飯店等資訊
HP www.enjoytokyo.jp/

最適合在台場觀光時使用

可於一日內無限搭乘連結新橋、豐洲與台場的百合海鷗線，為台場地區觀光最方便的車票。

販售場所 新橋站·豐洲站（預購券和當日券），以及百合海鷗線其他各站的自動售票機（只限當日券）

百合海鷗線一日乘車券
大人 820 円
孩童 410 円

範本

使用範圍！
● 百合海鷗線

利用JR東日本和東京Metro等鐵路公司提供的手機app方便確認車站資訊與列車運行狀況。

這樣更便利的
東京觀光方式介紹

來往人潮多、交通量龐大的東京讓人感到興奮不已。
正因如此交通網絡也很複雜，應該也不少觀光客為此感到困擾。
以下將為大家介紹觀光東京的訣竅。

Q1 那個地點要從哪一個車站去？

車站名稱雖然不同，但轉乘卻很簡單

如右圖所介紹，即使路線名稱和車站名稱不同，但大多都只需走幾步路即可抵達。比起搭同一條路線繞遠路，還不如走個5分鐘，反而可縮短移動時間。比較一下路線圖和地圖，事先規劃好路線才能讓觀光更流暢。

原宿（JR山手線）	🚶步行即到	明治神宮前（原宿）（千代田線・副都心線）
秋葉原（JR山手線）	🚶步行5分	末廣町（銀座線）
有樂町（JR山手線）	🚶步行3分	日比谷（日比谷線・千代田線）
新橋（JR山手線）	🚶步行5分	汐留（大江戶線・百合海鷗線）
濱松町（JR山手線）	🚶步行5分	大門（大江戶線・淺草線）
東京（JR山手線）	🚶步行5分	大手町（東西線等）

即使是同一車站，這邊的路線和車站會比較方便

前往淺草建議搭乘銀座線；若是搭乘都營淺草線，走到出口有一小段距離。即便同樣是六本木站，要去六本木新城請搭日比谷線；要去東京中城的話，搭大江戶線會比較方便。前往東京中城日比谷，雖然最近的是日比谷線與千代田線，但有樂町線的JR有樂町站、丸之內線的銀座站也很近。在新宿轉乘都營大江戶線時要利用南口；如果在離西口最近的新宿西口站搭車的話，就會跑去飯田橋和兩國方面了。

1前往東京鐵塔可從都營大江戶線赤羽橋站出發 2前往國立競技場要搭乘都營大江戶線 3國立新美術館的最近車站是乃木坂站 4前往東京中城，在大江戶線的六本木站下車較方便

利用轉乘便利地圖讓旅途順暢
地下鐵的月台柱子上有「轉乘便利地圖」，
可以確認方便轉乘的車廂或離電扶梯較近的
車廂等資訊。

Q2 請問有哪些導覽形式的旅遊行程？

觀光船

有從淺草沿隅田川而下的路線，以及穿越彩虹大橋的台場周遊路線等等，能輕鬆享受變化豐富的乘船旅行。可從水上盡情欣賞一路變化的東京景色。

郵輪

如果您想享受稍微奢華的海上漫遊，建議您搭乘包含餐點的遊輪。「交響樂號」提供遊輪自助午餐，價格從7,200円到8,200円不等。還有各種其他課程可供選擇，因此請務必充分利用它們。

HATO 巴士

HATO巴士對還不習慣旅行的人而言，在交通網絡複雜的東京是最安心的遊覽方式。除了周遊基本觀光景點的行程外，還有搭乘2層開放式巴士的行程，以及周遊夜景的行程等等，備有多樣豐富的行程。決定想去的地方後，就試著找找有沒有可以使用的行程吧。

Q3 地下鐵有 2 種？

東京遍布13條地下鐵路線，其中的9條路線是東京Metro；4條是都營地下鐵，各由不同公司負責營運。各路線有自己的路線顏色，因此只要記住路線顏色就可以順利移動。只不過，每個車站有方便轉乘的路線與不方便的路線，建議事前先調查好。尋找車站時，請以各自的標誌為目標。即使是相同車站，不同公司的入口可能也不同。

東京Metro

都營地下鐵

找地下鐵的車站時，以入口附近的招牌標誌為目標

Q4 Suica、PASMO 是什麼？

Suica

初次購買時需先付押金500円，但在退還卡片時就會退回押金

PASMO

與Suica相同，500円押金會在退還時退回

Suica和PASMO是事先將車資儲值的IC乘車卡。與Kitaca（JR北海道）、manaca（名古屋市交通局·名鐵等等）、TOICA（JR東海）、PiTaPa（關西周遊卡）、ICOCA（JR西日本）、快捷卡（福岡市交通局）、nimoca（西鐵等等）、SUGOCA（JR九州）的交通系IC卡可以全國互相使用。

Suica的吉祥物是亞德利企鵝，角色設定地是從南極來到東京的。

數字及外文字母

index

☺ 主要景點　Ⓡ 餐廳　Ⓒ 咖啡廳　Ⓢ 商店　Ⓗ 飯店

ことりっぷ co-Trip 小伴旅

東京

【co-Trip日本系列 2】

東京小伴旅

作者／MAPPLE 昭文社編輯部
翻譯／賴純如
特約編輯／王原賢
發行人／周元白
出版者／人人出版股份有限公司
地址 ／23145新北市新店區寶橋路235巷
6弄6號7樓
電話／（02）2918-3366（代表號）
傳真／（02）2914-0000
網址／www.jjp.com.tw

郵政劃撥帳號／
16402311人人出版股份有限公司
製版印刷／長城製版印刷股份有限公司
電話／（02）2918-3366（代表號）
香港經銷商／一代匯集
電話／（852）2783-8102
第一版第一刷／2013年5月
第三版第一刷／2024年5月
定價／新台幣380元
港幣127元

國家圖書館出版品預行編目(CIP)資料

東京小伴旅 / MAPPLE昭文社編輯部作；
賴純如翻譯. -- 第三版.
-- 新北市：人人, 2024.05
面；　公分. -- (co-Trip日本系列；2)
譯自：東京
ISBN 978-986-461-379-3(平裝)

1.CST: 旅遊　2.CST: 日本東京都
731.72609　　　　　113001721

co-Trip TOKYO ことりっぷ東京
Copyright © Shobunsha Publications, Inc. 2023
All rights reserved.
First original Japanese edition published by
Shobunsha Publications, Inc. Japan
Chinese (in traditional characters only)
translation rights arranged with Jen Jen
Publishing Co., Ltd.
through CREEK & RIVER Co., Ltd.

●本書刊載資料為2023年6～7月之資訊。由於資訊內
容可能會有變更，敬請於使用前事先確認。各項費用皆
有可能因消費稅稅率修正而產生變動，因此有些設施費用標
示價格為未稅。並且為因應新冠肺炎之防疫措施，依各
項設施所採取的因應政策，其營業日期與時間，以及大
眾交通工具預定的行駛班次等皆有可能產生變動。請於
出發前再次於各類活動與設施之官網，暨各行政單位官
網等處確認最新資訊。此外，因本書刊載之內容而衍生
糾紛和損失時，本公司礙難賠償，敬請事先理解後使用
本書。
●電話號碼提供的都是各設施的洽詢電話，因此可能有
並非當地號碼的情況。而使用導航等設備查詢地圖時，
可能會有顯示與實際不同位置的情況，還請多加注意。
●關於費用，入場費等基本上是標示成人費用。
●開館時間、營業時間，基本上是標示停止入館的時間
或最後點餐時間。
●不營業的日期，僅標示公休日，不包含臨時停業、盂
蘭盆節和過年期間之休假。
●住宿費用，基本上是標示淡季平日2人1房入住時的1人
份費用。但有部分飯店也可能會以房間為單位標示費用。
●交通標示出來的是主要交通工具與參考的所需時間。
使用IC票卡時車資、費用可能會有所不同。

●本書掲載的地圖について
測量法に基づく国土地理院長承認(使用)
R 5JHs 14-162120　R 5JHs 15-162120
R 5JHs 16-162120　R 5JHs 17-162120
また1万分の1の縮尺を超える地図の作成に当たっては、
航空写真撮影をもとに作成したデータベース
MAPPLE2500を使用した。

● 著作權所有　翻印必究 ●

※本書系凡有「修訂」二字，表示內容有所修改。「修訂
～刷」表示局部性修改，「修訂～版」表示大幅度修改。